站在巨人肩上

从贝尔谈数据通信

刘枫　主编

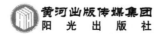
黄河出版传媒集团
阳 光 出 版 社

图书在版编目（CIP）数据

从贝尔谈数据通信 / 刘枫主编 .-- 银川：阳光
出版社，2016.7（2022.05重印）
（站在巨人肩上）
ISBN 978-7-5525-2772-8

Ⅰ.①从… Ⅱ.①刘… Ⅲ.①贝尔，A.G.（1847-
1922）- 生平事迹 - 青少年读物②数据通信 - 青少年读
物 Ⅳ.① K837.126.16 ② TN919-49

中国版本图书馆 CIP 数据核字 (2016) 第 178981 号

站在巨人肩上　从贝尔谈数据通信　　　　刘枫　主编

责任编辑　贾　莉
封面设计　瑞知堂文化
责任印制　岳建宁

黄河出版传媒集团
阳　光　出　版　社　出版发行

地　　址	宁夏银川市北京东路139号出版大厦（750001）
网　　址	http://www.ygchbs.com
网上书店	http://shop129132959.taobao.com
电子信箱	yangguangchubanshe@163.com
邮购电话	0951-5047283
经　　销	全国新华书店
印刷装订	天津兴湘印务有限公司
印刷委托书号	（宁）0020155

开　　本	710 mm × 1000 mm　1/16
印　　张	8.75
字　　数	140千字
版　　次	2016年7月第1版
印　　次	2022年5月第2次印刷
书　　号	ISBN 978-7-5525-2772-8
定　　价	35.80元

前　言

哲人培根说过："读史使人睿智。"是的，历史蕴含着经验与真知。

科学的发展是一个漫长的过程，一代又一代的科学家曾为之不懈努力，这里面不仅有着艰辛的探索、曲折的经历和动人的故事，还有成功与失败、欢乐与悲伤，甚至还饱含着血和泪。其中蕴含的人文精神，堪称人类科技文明发展过程中最宝贵的财富。

本系列丛书共30本，每本以学科发展状况为主脉，穿插为此学科发展做出重大贡献的一些杰出科学家的动人事迹，旨在从文化角度阐述科学，突出其中的科学内核和人文理念，提升读者的科学素养。

为了使本系列丛书有一定的收藏性和视觉效果，书中还汇集了大量的珍贵图片，使昔日世界的重要场景尽呈读者眼前，向广大读者敬献一套图文并茂的科普读本。

由于编者水平有限，加之时间仓促，疏误之处在所难免，敬请广大读者批评指正。

编者

前　言

目　录

贝尔的自我介绍

名句箴言

有时需要离开常走的大道，潜入森林，你就肯定会发现前所未有的东西。

——贝尔

自我介绍

我是贝尔（Alexander Graham Bell），美国发明家。1847年3月3日出生在苏格兰的爱丁堡，并在那里接受初等教育。我的主要贡献是发明了电话。此外，我还制造了助听器；改进了爱迪生发明的留声机；对聋哑语的发明贡献也很大；我写的文章和小册子超过100篇。1875～1922年，我从美国政府那里就取得了 30 项专利权。由于这许多发明创造，我在 1876 年接受了费城万国博览会百年纪念奖证书，同年我还获得波士顿大学理学博士学位。次年，我又获得五万法郎的伏尔泰奖金，并成为法国荣誉军团的成员。并且，电学和声学中计量功率或功率密度比值的单位就是以"贝尔"命名的。

电报的发明，把人们想要传递的信息以每秒 30 万公里的速度传向远方。这是人类信息史上划时代的壮举。但久而久之，人们又有点不满足了。因为发一份电报，需要先拟好电报稿，然后再译成电码，交报务员发送出去；对方报务员收到报文后，得先把电码译成文字，然后投送给收报人。这不仅手续繁多，而且不能及时进行双向信息交流；要得到对方的回电，还需要较长的时间。

人们对电报的不满，促使科学家们开始新的探索。

最早提出的是远距离传送话筒接力传送信息的建议。虽然这种方法不太切合实际，但休斯为这种通话方式所取的名字——"电话"，却一直沿用至今。

19 世纪 30 年代之后，人们开始探索用电磁现象来传送音乐和话音的方法，其中最有成就的要算是我和格雷了。

我的祖父和父亲毕生都从事聋哑人的教育事业，由于家庭的影响，我从小就对声学和语言学有浓厚的兴趣。开始，我的兴趣是在研究电报上。有一次，当我在做电报实验时，偶然发现了一块铁片在磁铁前振动会发出微弱声音的现象,而且我还发现这种声音能通过导线传向远方。这给我以很大的启发。我想,如果对着铁片讲话,不也可以引起铁片的振动吗? 这就是我关于电话的最初构想。

我发明电话的努力得到了当时美国著名的物理学家约瑟福·亨利的鼓励。亨利对我说:"你有一个伟大发明的设想,干吧!"当时,我缺乏电学知识,亨利又鼓励我说:"学吧。"在亨利的鼓舞下,我开始了实验,一次不小心把瓶内的硫酸溅到了自己的腿上,我疼痛得喊叫起来:"沃特森先生,快来帮我啊!"想不到,这一句极普通的话,竟成了人类通过电话传送的第一句话音。正在另一个房间工作的助手沃特森,是第一个从电话里听到电话声音的人。我在得知自己试验的电话已经能够传送声音时,热泪盈眶。当天晚上,我写给母亲的信中预言:"朋友们各自留在家里,不用出门也能互相交谈的日子就要到来了!"

1877 年,也就是我发明电话后的第二年,在波士顿设的第一条电话线路开通了,这沟通了查尔斯·威廉斯先生的各工厂和他在萨默维尔私人住宅之间的联系。也就在这一年,有人第一次用电话给《波士顿环球报》发送了新闻消息,从此开始了公众使用电话的时代。

说到电话的发明,还有一段鲜为人知的故事。

由于 1876 年 3 月 10 日我所使用的那部电话机的送话器,在原理上与另一位电话发明家格雷的发明雷同,因而格雷便向法院提出起诉。一场争夺电话发明权的诉讼案便由此展开，并一直持续了十多年。最后，法院根据我的磁石电话与格雷的液体电话有所不同，而且比格雷早几个小时提交了专利申请等因素，作出了现在大家已经知道结果的判决，电话发明权案至此画上句号。

电话,给人们的工作和生活带来了许多方便。假如有一天没有电话,人们就会感到十分的不习惯。那么你们知道,伟大的发明家贝尔为发明电话付出了多少艰辛的劳动和心血吗?

1847年3月,贝尔出生在英国英格兰爱丁堡市。父亲是聋哑学校的教师。他从小就非常喜欢自然科学知识。他1871年随父亲迁居美国,并加入美国国籍。后来,他对声学实验发生了特殊兴趣,并着手对声波进行研究。

贝尔

有一天,当他把电路接通或断开的时候,螺形线圈便发出轻微的噪声,这就像莫尔斯电码"嘀哒"的声音一样。他从这个偶然的实验现象中受到了启发。一个大胆的设想在他的脑海里浮现出来了:既然空气能使薄膜振动发出声音,那么,如果用电使薄膜振动,人的声音不就可以凭借电流输送出去了吗？这个想法成了他设计电话的理论基础。

年轻的贝尔感到非常激动。他专程到华盛顿，去拜访久负盛名的电学家约瑟福·亨利。向他谈了自己的发现和设想，得到了老科学家的热情鼓励。26岁的贝尔从亨利那里获得了极大的信心和无穷的力量。

从此，他便刻苦钻研电学，偶然，贝尔碰上了18岁的电气技师沃特森。他们志同道合，两人马上结合起来，并从此开始了长期的共同奋斗。他们反复试验，制作了许多模型，花了两年多时间，实验仍以失败告终。后来，好不容易才制出两台样机，为了检验其效果，便在两个房间装上电线，电线两头分别接上样机，然后两人分别在两台样机面前边调试边喊话。很遗憾，对方的声音是听到了，但不是通过电线传来，而是透过墙壁或从过道上传来的。仪器中根本听不到声音。好心的邻居也很耐心，允许他们的电线穿过自己的房间，并默默地忍受着他俩无休止而又毫无结果的喊叫。嗓子都快叫哑了，可机器并不体贴和理解他们，还是个"哑巴"。

贝尔不明白为什么总是失败，夜阑人静，贝尔望着满天繁星，双眉紧锁，一筹莫展，他想起了老科学家亨利的亲切话语……

"先生,你听!"沃特森从背后呼唤他。

哦!远方传来优美的吉他声,像打呼的山泉在寂静的夜空回荡,扣人心弦。贝尔定神细听,听着听着,他从中找到了灵感,顿然醒悟。他冷不防猛地打了助手一拳:"有了,沃特森!"他突然想到,肯定是我们送话器和受话器的灵敏度都很低,声音很弱,分辨不清。要是像吉他一样,配上共鸣装置,不就解决问题了吗?贝尔立即设计了一个音响草图,和沃特森一起连夜赶制音箱,没有材料,他们就毁了床板。制作完以后,黎明已在迎接他们了。接着他们又改装机器,一连忙了两天两夜,直到第三天傍晚,终于把机器全部安装完毕。

贝尔研制的电话装置

尽管两个人三天三夜没有好好休息,但他们一点也不觉得累,反而感到非常兴奋。他们关严了门窗,准备试验了。

贝尔一面调试机器,一面对着话筒讲话。沃特森在另一间房子里屏气静听,也准备讲话。突然话筒里传来贝尔清晰的声音:"沃特森先生,快来呀!"原来,贝尔在操作机器时,不小心把硫酸溅到腿上,痛得厉害,急忙向沃特森求救。"贝尔,我听见了! 听见了!"贝尔也听见了沃特森的声音。这就是世界上第一次电话通话。两人欣喜若狂,相互大喊大叫,以致谁也分不清对方在喊什么。

他俩同时放下电话机,冲出门,直奔对方。他们在走廊相遇,眼含兴奋的泪花,紧紧地拥抱在一起。历史老人在一旁记下了这一时刻:1875 年 6 月 2 日晚。这时贝尔 28 岁,沃特森 21 岁。

初步取得胜利之后,给了他们更多的勇气和信心。他们继续研究,改进装置,终于在 1915 年研制成了第一架实用电话机。这种电话仍有一些缺点,如声音不清楚,杂音大,传话不远等。

爱迪生也听到了发明电话的消息,他仔细分析了电话的缺点,经过进一步研究,制成了碳粒送话器,使传送效果明显提高。以后,电话成了人们生活的一部分。如今,各式各样的电话,如电视电话、自动拨号电话、光电话、记录电话等相继出现,为人类的通讯提供了极大的方便。

我们从贝尔发明电话一事中可以受到很大启发。他当时是个对电学一窍不通的青年,但是他善于发现、观察,并立志要发明电话。他的敢想、敢干、不为权威所吓倒的精神是非常值得我们今天的青少年学习的。他捷足先登、顽强拼搏,先于大科学家发明了电话。

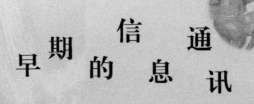

早期的信息通讯

名句箴言

一切真正美好的东西都是从斗争和牺牲中获得的，而美好的将来也要以同样的方法来获取。

——车尔尼雪夫斯基

古代世界的邮政

世界各国邮政都有着悠久的历史。

公元前6世纪时的波斯帝国国王大流士，开辟了一个以京城苏撒为中心四通八达的驿道通信网。驿道十分宽敞，沿途设有驿站，随时有信差备马以待，把国王的命令传达到帝国各省，各地的消息也通过这一通信网源源不断呈送到国王面前。从苏撒到小亚细亚西端的萨底斯总共有 3000 公里。通过驿站信差们的分段传递，七天信息就到达了。人们常说"条条大路通罗马"，指的就是古罗马的首都有着连接四方的宽阔大道。我国史书《后汉书·西域传》里，曾提到古罗马"列置邮亭"的情况。那里"十里一亭，三十里一置（即驿）"。各国使者进入其境，都可直接乘驿达其王都。据统计，公元 2 世纪时，罗马境内驿道共有 372 条，总长度达八万公里。这些大道也是驿道，把各地的信息及时地传送到罗马城。

信息的传递有一个生动的马拉松的故事。公元前 490 年，强大的波斯军队，在希腊雅典东北的马拉松附近登陆，对希腊进行侵略，雅典只有 11000 人的军队，抵挡着数倍敌人的进攻。希腊将士同仇敌忾，再加上统帅米太雅得的英明指挥，竟然使希腊军取得了辉煌胜利。因为这场惊心动魄的战斗，关系着雅典人民以至于全希腊的生死存亡，所以当激烈交战时，雅典人都自动地汇集在雅典城的中央广场，翘首等待马拉松前线的信息。前线统帅米太雅得为了尽快让大家听到胜利喜讯，派出了快跑能手斐力庇第斯跑回雅典报信。这时斐力庇第斯已经受了伤，但他毅然接受了任务，当斐力庇第斯满身血迹、筋疲力尽地出现在雅典人民面前时，他激动地高喊了一声："欢乐吧，我们胜利了！"便倒地牺牲了（希罗多德《历史》）。

马拉松的故事流传了 2000 多年，至今听后使人激动不已。在奥林匹克体育运动会上,规定了一项马拉松长跑竞赛的项目,并把战场至雅典的距离42公里195米,定为马拉松竞赛的长度,就是为了纪念这位英雄信使。

在古代世界,通信的方式是多种多样的。既有用快马传递的,也有用急行人传递的。我国古代的邮政,却具有自己的独特形式。

我国古代邮政称为"邮驿"。何谓"邮"?何谓"驿"?据我国东汉时学者许慎写的字书《说文解字》解释说:"邮","境上行书舍。从邑垂,垂,边也。"学者们因此认为"邮"是指古时边陲地区传递书信的机构。所谓"驿",《说文解字》解释说:"驿,置骑也,从马,睪声。""驿"在古代即指传递官方文书的马、车。

周秦以来,邮驿的称呼又有变化。周代称"传",春秋战国称"遽(jù巨)"或称"邮""置"。秦时统一叫"邮",汉代叫"驿",魏晋时"邮""驿"并称,唐时又把"驿"叫作"馆"。宋时则出现了新的名称"急递铺",元又有"站赤"之称,明代又把元时的站统称为"驿",清时将"邮""驿"合二为一。现在习惯上把我国古代的邮政,简称为"邮驿",或称为"驿站"和"邮传"。

名句箴言

人只有献身社会，才能找出那实际上是短暂而有风险的生命意义。

——爱因斯坦

西周完备的邮传

周朝是我国历史上最长的一个朝代，从公元前 11 世纪至前 771 年，定都镐京（今陕西西安西），史称西周。公元前 770 年以后，都城迁到洛阳，历史上又称为东周。

西周时期，我国奴隶社会已经发展到顶峰，我国各种制度也开始完善，在此时邮驿制度形成一个比较规整的系统。西周时,政府特别重视修整道路,《诗经·小雅·大东》上有"周道如砥,其直如矢"的形容,即是说,大道平坦似磨石,笔直像箭杆。据《周礼》载,道途专管庐舍候馆的官员,称为"野庐氏"。他负责筹办京城500里内所有馆舍的车马粮草、交通物资;要保证道路畅通,宾客安全;要安排白天轮流值班和夜间巡逻之人;还要及时组织检修车辆平整道路等。

西周时,在国都镐京和东都洛邑之间,修建了一条特别宽广平坦的大道,号称"周道",又称为"王道"。数百年后墨子评论这条大道说:"王道荡荡,不偏不党;王道平平,不觉不偏。其直如矢,其易若底。"意思是周道坦荡宽阔,平直易行。按照周制的规定,京都的王道,应宽九轨。一轨为1.8米,九轨约合16.3米。这样宽的路面,行走自然要方便迅速多了。除王道以外,周朝还修了几条通往其他的通道。例如从洛邑通往鲁国,称为"鲁道",也相当宽阔,《诗经》颂它:"汶水汤汤,行人嘤嘤。鲁道有荡,齐子翱翔。"意为:汶河不停地流淌,鲁道上行人来来往往。在这条平坦大道上,东方的齐鲁国人自由翱翔!道路的平直加上车辆的进步,自然提高了行路的效率。据说西周周穆王驾着八匹高头骏马驾驶的轻车,日行千里。这当然有些文学夸张,但从正式史书《左传》的记载看,一天行车260里大致是没有问题的。

西周的邮驿制度已经达到了一个相当完备的程度。各种不同的文书传递方式有不同的名称,比如:以车传递称为"传",这是一种轻车快传。又一种称为"邮"的,在周代主要指边境上传书的机构。还有一种叫作"徒"的,则为急行步传,让善于快跑的人传递公函或信息,有点类似古希腊马拉松的斐力庇第斯。大体上,西周时单骑传书还不多,一般为车传。

西周邮传的路途中,沿途都设置有休息站,叫作"委""馆"或"市"。《周礼》记载,当时国家大道沿途,10 里设庐,庐有饮食;30 里有宿处,称之为"委";50 里设市,市有候馆,接待来往信使宾客。有一些讲究的馆、市,是为来往的各地高级信使准备的。这些馆、市,设备考究,有楼厅、有浴室,可以在这里充分地休息,解除旅途的劳累。

西周时,政府里已经形成了一整套自上而下的邮驿通信职官系统。在天官冢宰的统一领导下,有秋官司寇负责日常的通信,夏官司马负责紧急文书,地官司徒负责沿途馆驿供应和交通凭证以及道路管理。负责日常通信事务的司寇下还有一系列专门人员,有大行人、小行人、行夫等。其中行夫是管理来往信件、信使的具体执行官。

史料记载,西周的通信邮驿,效率已经达到了很高的程度。《尚书》曾记载了周初的一件史事:武王去世时,成王即位,由周公辅政。周公命召公去经营洛阳新都。新都建成前后,周、召二公之间有许多通信往来,都靠传递两地公文

的信使去完成。当时史书上把这种信使称为"使"或"伻
（bēng 崩）"。还有一个故事，说周公被封于鲁，姜尚封于齐。
姜尚到齐后不讲政策，滥杀了当地两个不服管治的贤士。
周公闻听此事后，立刻乘"急传"赶到齐都临淄，制止姜尚的
专断行为。急传能如此及时迅速地赶到，说明当时驿路的
畅通。当然，这仅限于西周的中心地区。边陲地方通讯联
系不会这样方便。比如史书记载，西周初年，今两广和越南
地区的越裳氏来朝，因为山川险阻，道路遥远，他们担心到
达不了镐京，同时派出了三队使臣，分头前来，最后都到了
周朝，这使周公十分感动，后来，周公派人送他们回去，路上
走了一年多才返回。可见那时南方大部分地区道路还是相
当难行的，通信困难重重。

　　到西周的时候，军事上的烽火通信，已经成为正式制
度。最初，人们在道口田陌之间，立一大木，上缀毛裘等物，
可使信使和行路人在很远地方就知道站馆所在，古文里称
之为"邮"。这一设施，既是通信网络，又是一种防卫象征。
后来逐渐形成为防护堡垒，再发展成烽火台。台的规模越
来越大，以至于"四角面百步，筑土四方，上有室，室上有柱，
出高丈余"，台柱上有烽有鼓。烽火台正名曰烽燧台。燧是
由柴火和狼粪，用火点着冒出狼烟，无风笔直上升，在远处
就能望见。到晚上，在台上再架起桔槔，上置大铁笼子，内
装柴草。遇有紧急情况，烧着后形成高耸入云的大火把。

从京师到边境的每条大道都建有烽火台,专门派人把守。边境告急,消息会很快传到京师;京师遇难,消息又会从都城传到边关。这是我国古代一种十分有效的烽火通信系统,从西周一直到汉朝,都在沿袭使用。周幽王"烽火戏诸侯"的故事,是历史上著名的实例。周幽王是西周最后一个国王,昏暴异常,办事尤其荒唐。他纳了一个名叫褒姒(sì四)的美女为妃。褒姒终日不笑,幽王想出了烽火戏诸侯的办法取悦于她:他命令兵士们在镐京东郊的骊山点燃烽火,擂起大鼓,谎称京城告急。骗得周围各路诸侯都急急忙忙前来援救,有的诸侯将官连衣冠都没有来得及穿戴整齐,便火急赶到。结果虚惊一场,扫兴而归。而褒姒和幽王却在瞭望台上哈哈大笑。诸侯们知道上了当,以后幽王再点燃烽火,谁也不来了。而西周就这样被西戎所灭亡。这个故事,主要是给人以鉴戒,不可失信于民。但同时也证明了西周末年烽火击鼓这种声光军事通信,已经成为国家固定的通信制度。

坚强的信心，能使平凡的人做出惊人的事业。

——马尔顿

名句箴言

单骑通信和接力传书的开始

东周建立于公元前 770 年，分为春秋和战国时期：春秋时期是从公元前 770 年至前 476 年，战国时期是从公元前 475 年至前 221 年。春秋战国是我国历史上从奴隶制转变为封建制的关键时期。

春秋时期，各诸侯国逐渐强大起来，他们各自在自己的势力范围内大力进行农业、手工业和商业改革,经济迅速发展起来,通信设施也进一步完善。西周中央王朝和各诸侯国都争相建设国道、通信设施和邮驿馆舍。鲁国在庄公、襄公时候,几次修筑"王姬之馆"和"诸侯之馆",以接待来自周王室和各国的诸侯信使(《左传·庄公元年·襄公三十一年》)。齐国是春秋时代首先强盛称霸的诸侯国,邮驿制度较他国完善,早在管子相桓公时,就使驿传井井有条:"三十里置遽委焉,有司职之。""遽"指邮驿,"委"是储备物资的所在,"有司职之"意为有专人负责。假若有使者从远方来,齐国"遽"的负责人就立刻派人帮客人卸下行李,配备饲马的人员和准备饮食(《管子·大匡》)。楚是南方新兴大国,"以邮传命"也成为定制、设邮的地方,配置了大批邮车和邮马。楚都附近的大道,常常邮车相望于路,颇有声势。北方的燕国,虽发展较中原为晚,春秋时道路和邮驿也迅速跟上,境内大道沿途庐室林立,馆舍整洁,大路两旁还种着树木,打有水井。信使传递消息十分方便,"夜可以寝,昼可以憩,有井以备饮食,有舍以为藩蔽"。

由于当时驿道发展十分迅速,以致当时还将驿传制度是否完善,作为一个国家是否文明的尺度。著名政治家子产,高度评价晋文公邮驿的成就:"文公之为盟主也,宫室卑鄙无观台榭,以崇大诸侯之馆。库厩缮修,平易道途。馆室诸侯宾至,甸至庭灯,仆人巡官,车马有所宾从"(《左传·襄公三十一年》)。

晋文公不修宫室台榭,却花大钱整治各国信使的宾馆马厩,道路整齐平坦,客人到来沿途灯火通明,仆役随时服务,使贵客的车马都安排得很周到。单襄公奉王命到楚国访问,路过陈国,见该国道路不修,馆舍荒芜,十分感叹,断定陈国定有亡国之险(《国语·周语》)。正因为春秋时期各国交通、馆舍和通信事业的发达,才有可能使得当时许多会盟得以成功举行。据统计,自春秋初年的公元前722年到春秋末的前481年,各诸侯国共举行会盟达187次,有些会盟有数十国参加。这样大规模的会盟集会,若没有完善的交通与邮驿、馆舍设施,是很难想象的。这时期邮驿制度的重要发展标志,是单骑通信和接力传递的出现。这是我国邮驿制度史上的一次重大变化。单骑快马通信的最早记载是郑国子产的"乘遽"。《左传》记载,公元前540年秋天,郑国公孙黑叛乱,正在都城远郊办事的相国子产闻讯,立即赶回。因为怕乘普通的车赶不上平乱,他临时乘了单骑的"遽"归来,这个"遽",便是那时邮驿中新出现的速度最快的单骑通信。接力传递的最初记载,也出自《左传》,那是在鲁昭公元年(公元前541年),秦景公的弟弟要去晋,在秦晋间开通了一条邮驿大道,每隔10里路设置一舍,每辆邮传车只需跑10里便可交给下一舍的车辆。这样一段一段地接力,共历百舍即达千里,正好由秦国的都城雍(今陕西凤翔)

直达晋国的都城绛(今山西绛县)。这样的接力运输和传送信件方式,自然要比单程车传要快得多。

在春秋时期,单骑通信和接力传书邮传方法,还仅仅在少数情况下使用,到春秋晚期,才逐渐普及。当时大部分场合,还是传统的通信手段——"传车"和"遽"。传车即前面已经说过的车传通信。"遽"是一种高级急行车,一般用于高级人物需办的急事。比如,齐国大臣晏子出奔,使齐国国君十分震惊,立即乘上了"遽"去追赶,终于在边境上把这位贤臣请回。

"遽"在战争不断的春秋时期有时还用来迷惑敌人。有一个著名的"楚子乘遽会师于临品"的事例:南方的小国庸乘楚国闹饥荒,纠集一些小国攻楚,楚处在困难的境地。楚国国君采取麻痹庸国的战略,故意先打几个败仗,同时秘密从各路调军。楚君乘坐了平时用作传信的"遽"亲临前线,约定各路将领在临品(今湖北均县东南)会师,攻伐庸国。"遽"车迷惑了庸国,庸国对战争毫无防备,楚国轻而易举地拿下庸国。从庸人对"遽"习以为常的现象可以说明当时这种通信工具已经在南方用得很普遍了。

春秋时传车通信的效率已经相当高。当时除楚之外,处在南北交通要冲的郑国,通信设施也很完备。著名的弦高犒师的故事,就证明了这一点。弦高是郑国的一个商人。有一天,他正在路上经商,突然发现了秦国偷袭郑国的秘密部队。弦高为了保卫自己的国家,想出一条妙计,谎称自己是郑国派来犒劳秦军的使者,给秦军送上四张熟牛皮和十二条牛,把秦军稳住;同时利用边界上设置的传车火急向郑国送去紧急情报,让国君赶紧准备对策。结果,秦军误以为郑国早有准备,不敢贸然行动。郑国国君从边防邮驿获得情报,派来使臣到秦国驻军处交涉,严正指出秦军的不正当的偷袭行为。这次秘密军事行动就这样结束了。这件事发生在公元前626年,说明在公元前7世纪时,我国中原地区的通信设施,效率已相当高,能够迅速、及时、准确地把边防消息传递给国家的政治中心。

名句箴言

所有坚韧不拔的努力
迟早会取得报酬的。

——《安格尔论艺术》

汉代发达的烽火通信

到了汉代,军事通信主要是烽火通信和邮驿通信并举。

两汉时期,烽火通信设施已经相当发达。考古学家们近年来在新疆、甘肃、内蒙古一带,发现了汉代北部的烽燧、亭障和长城遗址多处,这些设施分布长达两万多里,形成一道坚固的北境城防。我国著名历史学家翦伯赞说:

"在汉代沿长城全线西至罗布泊沙漠,直达克鲁库特格山麓,皆列置堡垒烽燧,即汉书上所谓亭障,用以瞭望敌人及传达烽火信号之用。""万里相望,于是中国的西北,筑成了一条坚强的防线。"我们至今在往日的丝绸之路沿途,尚可看到当日的这些军事设施的遗址:一座座烽火台巍然高耸,附近还常有当年边防人们所住的小城遗址,构成一幅幅壮丽的图画。

"烽""燧",都是点燃易燃物发出亮光的通信标志。汉朝时候,一般说是"五里设一燧,十里有一燉,三十里一堡垒,一百里一城寨"。烽燧是系列军事设施的最基层的单位。这些烽燧,常常设在靠近水源、地势较高、便于瞭望的地方。

烽火是怎样来通信的呢?汉朝对此有严格的规定。一般说,烽是指在五丈多高的土台上置一烽竿,类似汲水的桔槔。烽竿上缠上纺织品,平日放下,遇有敌情立即举起,称为"表",一般为白色,便于醒目。夜晚看不见,便点燃成火炬,称为"烽"。一般在烽火台旁总是随时准备些燃放烟火的积薪。

我们可以从现存的汉简中大致了解当时烽火的信号。假如发现有敌人(一人或几人)犯塞,则焚一捆薪,举起两个烽火。如果发现的是10人以上的敌军进犯,除举火外,还须将烽高高扬起。假如是500或1000名敌人来犯,则除焚薪外,需举三烽。这些预先约定的信号,可以使军内迅速而准确地知道敌情,以做必要的准备。除此之外,还有一些其他规定。如规定,敌人入塞,举放烽火时,所有边亭负责尉吏都必须到位,并及时将敌人入塞人数和到达部

烽火通信

位,报告上级都尉府。若遇大风大雨,施放烟火不成,则必须及时派出快马"亟传檄台,人走马驰",报告上级。若敌情万分危急,或敌已攻下烽火亭障,该亭不能按时举火,则应由相邻亭台点火,依次通报下面的烽火台。一些汉简中还反映,边境有警,边塞县的屯田官吏,还有责任组织百姓转移,驱赶牲畜,脱离险境。

历史中记载,汉武帝时卫青、霍去病与匈奴作战,用烽火作为进军号令,一昼夜就可使河西的信号传至辽东,远达数千里。当时人用诗来形容当时信息传递之迅速说:"候骑

至甘泉，烽火通长安"。甘泉在今陕北，离汉都长安大约300公里，烽火通信迅速可达，可见当时军事通信的效率极高。

两汉时，边境烽火警报对屯驻官兵来说，是至上的命令。《史记·司马相如传》记载说：当时"边郡之士，闻烽举燧燔（fán 凡），皆摄弓而驰，荷兵而走，流汗相属，唯恐居后。触白刃，冒流矢，义不反顾，计不旋踵"。汉文帝时名臣贾谊形容当时边疆的将士，在敌情严重时，日夜不眠，将吏都穿着甲胄，随时听命待发（《汉书·贾谊传》）。西汉名将赵充国对这些烽火制度有很高的评价，认为"烽火幸通"是"以逸待劳"的好办法（《汉书·赵充国传》）。有一件居延出土的汉简生动地描述了当时因烽火信号及时，汉朝军队避免损失的情况："在早晨五点钟临木燧的士兵，举起了信号旗，并燃起了一个信号火堆。敌人后来向西北方向撤退，没有造成损失"（《简牍研究译丛》，据英国学者鲁唯一的翻译）。

烽火的军事通信得到广泛应用。笔记小说中曾记载东汉光武帝时曾派将军刘尚攻打武溪夷，夷首领田氏兄弟三人各守一城，共约以烽火为号。有一天，老三钓得白鳖，竟然举烽请二位兄长赴宴，共品美味。当刘尚大兵来讨时，老三再举烽火，两位兄长以为仍是鸡毛细事，再不着急来救。老三孤军作战，终至败死。这个例子说明其他朝代也有"烽火戏诸侯"那样的人，也都落得身败名裂的下场。

汉时广泛运用烽火作为军事通信的同时，一般的邮驿军事通信也还是很重要的,常常相辅相成。军事机构之间的通信使者,一般由戍卒担任。他们有时作为烽火通信的补充:当天阴雨湿烽火一时不能燃起时,军方便立即派出飞骑或快跑步递向兄弟堡垒传递情报。汉时留下的一份烽火台规则《塞上烽火品约》提到:匈奴人入塞,天大风或雨,烽火不燃者,亟传檄告,人走马驰以疾。就说的是上述意思。

人们一提到烽火台，就会很自然地想到长城，实际上烽火台筑在长城沿线的险要处和交通要道上。一旦发现敌情，便立刻发出警报：白天点燃掺有狼粪的柴草，使浓烟直上云霄；夜里则燃烧加有硫黄和硝石的干柴，使火光通明，以传递紧急军情。我国新疆呼图壁县境内的烽火台，历史悠久，其中3个已毁，烽火台长宽均约4米，高约5米，筑台年月不详。

长城

　　烽火台通信的兴起是因为奴隶制国家在政治和军事方面对通信的需要。据历史记载，早在 3000 多年前，我国就有了利用烽火台通信的方法。

　　继烽火台之后，人类传递信息主要靠书信来往，这就是人类早期的信息通信。17 世纪中叶，人们发明了望远镜，用它人们可以看得更远。1791 年，法国人发明了信号灯，此后"灯语"通信在欧洲风靡一时。直到今天，信号灯、旗语、望远镜等目视光通信的手段仍在使用，但是这一切还是最原始的光通信，不能算作是真正的光通信。不过，这些原始的光通信方便、

望远镜

可靠。至今仍在使用，现在让我们介绍一下望远镜吧。

　　望远镜有很多作用。首先，能够放大远方物体的张角，人眼的分辨角大约是 1 分（1 分是 1 度的六十分之一），而望远镜能使人眼看清角距更小的细节；其次，望远镜能将光线集中起来，使人眼看到本看不到的暗弱物体发出的光线。望远镜由物镜和目镜两组镜头及其他配件组成。为了减小望远镜的像差，物镜和目镜通常由

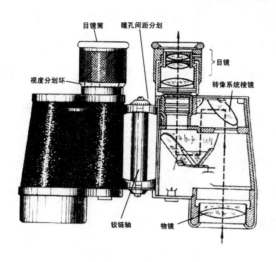

目镜筒　　瞳孔间距分划

视度分划环

转像系统棱镜

目镜

铰链轴　　物镜

望远镜的结构

多个元件组成。望远镜所能收集的最大的光束直径，称为口径。所能观测到的范围称为视场，通常以角度来表示视场大小和目镜的结构有关,对于同样的目镜视场直径与放大倍数成反比:放大率越高,视场越小。

我国目前最大的光学望远镜口径为 2.16 米。茫茫宇宙,繁星似沙,人类为天体光谱作的"户口登记"数,将超过以往数百年。因为,人类有了新的"千里眼"——大天区面积多目标光纤光谱天文望远镜,该望远镜已于 2004 年建成,安放在北京兴隆县燕山山脉中兴隆观测站,并

大天区面积多目标光纤光谱天文望远镜

且大大提升了我国天文学研究的国际地位,使我国恒星和星系的光谱观测达到国际领先水平。

大天区面积多目标光纤光谱天文望远镜(LAMOST)是国际上视场和口径很有名誉的天文望远镜,长50米、高30米,视场为5度,口径达4米,一次观测可达20平方度(整个宇宙空间约有4万平方度)。通过大天区面积多目标光纤光谱天文望远镜,在21世纪前10年,人类就可测出天体光谱100万个。

凯克望远镜放在有保护性的圆屋顶建筑内

位于夏威夷的凯克望远镜是目前世界上最大的望远镜，直径 10 米，由 36 面 1.8 米的六角型镜面拼合而成，耗资一亿三千万美元，是由美国的一个企业家凯克捐助修建的，第一面凯克望远镜建造成功后，凯克基金会又投资修建了凯克二号望远镜，两座望远镜挨在一起，威力无比；另外的大型望远镜有美国国立天文台位于南北两半球的两个 8 米望远镜，一座位于夏威夷，一座位于智利，合称双子座望远镜；日本人在夏威夷建造了一座 8 米的称为昴星团望远镜；下世纪欧洲南方天文台将建成四座 8 米望远镜，组合口径相当于 15 米。

波多黎各秀丽的风光

　　波多黎各的阿雷西沃无线探测仪是目前世界上最大的射电望远镜，它是我们安放在宇宙间的最大的无线电耳朵。该望远镜上的巨大的反向镜的直径为 305 米。阿雷西沃探测仪目前被用来搜寻空中的由外星智能生命发射来的信号，如果你看过电影《黄金眼》（英美合拍，1995 年）及《接触》（美国，1997 年），就一定不会对它陌生。

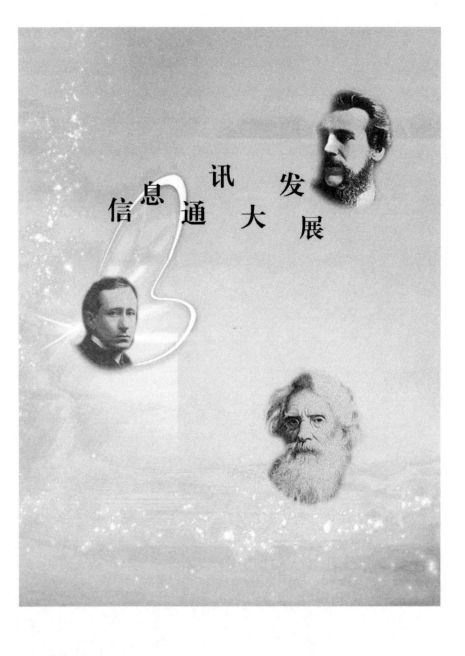

信息通讯大发展

夫志当存高远。

——《诸葛亮集》

从电报到电话

电报机的发明

我们从莫尔斯发明电报机的经历可以推翻中国的一句古话"三十不学艺",相信事在人为。

塞缪尔·莫尔斯（Samuel Finley Breese Morse，1791～1872年），是一位

莫尔斯

电磁铁

有名的画家,他曾两度赴欧洲留学,在肖像画和历史绘画方面成了当时公认的一流画家。1826年～1842年任美国画家协会主席。但一次平常的旅行,却改变了莫尔斯的人生轨迹。电报机也因此而登上了历史舞台,通信史翻开了崭新的一页。

莫尔斯是在什么时候萌发了发明电报机的伟大志向呢?早在1832年,他从法国返回美国的旅途中就有了这个愿望。当时莫尔斯已经41岁了,在法国学了3年绘画后坐轮船返回祖国。轮船在大西洋中航行,为了打破长途旅行的沉闷气氛,美国医生杰克逊向旅客们展示了一种叫"电磁铁"的新器件,并讲述电磁铁原理。

莫尔斯被杰克逊出色的

讲说深深的吸引了。杰克逊的一句话深深地印在了莫尔斯的脑海里。杰克逊说:"实验证明,不管电线有多长,电流都可以神速地通过。"这句话使莫尔斯产生了遐想:"既然电流可以瞬息通过导线,那能不能用电流来进行远距离传递信息呢?"莫尔斯为自己的想法兴奋不已,从这以后,他毅然改行投身于电学研究领域。

莫尔斯从法国回到美国后,担任纽约大学美术教授。在教学之余,他把大部分精力都投到电报机的设计上。1835年,他毅然告别了绘画艺术,专心攻读电磁学知识,一门心思地进行电报装置的制作。在他的画册上,再也见不到写生画和肖像画,见到的只是各种各样的电报设计方案和草图。

数字通信早在古代就已经出现了。那时,人们为了传递敌人入侵的警报,每隔一定距离设置一个烽火台,它可以说是世界上最早的数字通信装置了。按照事先的约定,烽火台点火是一种状态,意思是有敌人入侵;无火则是另一种

马领关烽火台遗址

状态,意思是平安无事。用现代语言来说,这就是利用光信号来传送"1"和"0"两种符号。其中"1"表示"点火","0"表示"无火"。实际上,这就是最原始、最简单的数字通信。

人类通信的革命性变化是从把电作为信息载体后发生的。人们在很多年以前就有用电来通信的设想,因为与其他通信方式相比,电通信非常快捷。最初是在 1753 年,有人设想借助电感应来进行通信。那时,电池还没发明出来,对电的研究还停留在静电上。一位叫摩尔逊的人,曾经架设了 26 条电线,每一条线代表一个英文字母。在某条电线通电的时候,在另一端放置的小纸球就被静电所吸引,记下一个字母,由字母组成词句,就可以传递信息了。这恐怕是最早的电报机了。但是这种方法既原始又落后,需要的设备庞杂,并且静电感应传递不远。可想而知,这种电报机没能在实际中得到应用。以后,又有人在此基础上作了改进,如用单根导线代替 26 根导线,以木球代替纸球等等,但终究没能达到实用的目的。关于电流通信机的设想,虽然在当时还不是很成熟,而且缺乏应用推广的经济环境,但却使人们看到了电信时代的一缕曙光。

19 世纪的前 30 年,人类的科学技术突飞猛进,例如,发明了蒸汽机车,英国利物浦和曼彻斯特之间的第一条公用铁路正式通车,以及 6600 马力的"东方巨轮"的下水等等,都标志着一个高速通信时代的到来。电信时代的序幕也由此拉开。

蒸汽机车

电学的发展将为实用电报机的发明奠定基础。1799年,伏打发明了金属电堆,人们可以很容易地得到恒稳电流,1820年,奥斯特发现了电流的磁效应。自此,人们把电与磁统一起来进行研究,电磁学的发展进入了崭新的阶段。就是在这个基础上,美国的莫

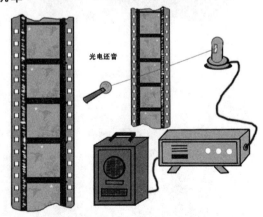

奥斯特实验

尔斯在用电流传递信息上取得了重大的突破。他发明了只用一根导线,使用突发电流传输信号的电报机。

奥斯特

用旧材料制成的第一台电报机

莫尔斯不是很懂物理知识,要学会和掌握电磁学的知识困难重重!回到美国后,他只得向纽约大学物理学教授盖尔请教,盖尔教授悉心教他组装电池和制造电磁铁的方法,加之莫尔斯的刻苦学习,1835年底,他终于用旧材料制成第一台电报机。

莫尔斯的发报机先把凹凸不平的字母版排列起来,拼成文章,然后让字母版慢慢地触动开关,得以继续地发出信号;而收报机的结构则是,不连续的电流通过电磁铁,牵动摆尖左右摆的前端,它与铅笔连接,在移动的红带上划出波状的线条,经译码便还原成电文。莫尔斯的第一台电报机,只能在2～3米的距离内有效。这是由于收发两方距离增大，电阻相应增加而失灵。要想使电报应用到实际生活中，那就必须进一步改进。

莫尔斯买来了各种各样的实验仪器和工具，不分昼夜地在实验室里埋头苦干。实验桌上到处是磁铁、导线和线圈。他设计的方案，绘制的草图，进行的试验一次次失败了，莫尔斯陷入了深深的失望之中，几次想重操旧业，重新拿起画笔。然而，每次当他拿起画本，看到自己在本子上写的"电报"字样时，又为自己当初立下的志向所激励，从绝境中振作起来。

莫尔斯振作精神冷静地分析失败的原因。几年的探索与实践使他相信，自己的探索方向是正确的。然而问题出在哪里呢？他认真的反思了自己的设计思路，检查了做过的实验，发现利用电磁铁做成电铃来发信号是行不通的，必须寻找其他的途径。后来莫尔斯拜著名电磁学家、感应电流的发现者亨利为师，虚心求教，亨利让莫尔斯把电磁铁换成使用绝缘导线的强力电

莫尔斯

磁铁,并用继电器把每个备有电池的电路串联起来,另一条则用地线代替。

莫尔斯式继电器人工电报机

1836年,莫尔斯在艰难的探索中找到了一个新方法,他在笔记本上记下了一个新的设计方案"电流只要停止片刻,就会出现火花。有火花出现可以看成是一种符号;没有火花出现是另一种符号;没有火花的时间长度又是一种符号。这三种符号如果组合起来代表数字和字母,就可以通过导线来传递文字了。"

莫尔斯电报是这样传递信息的:在拍发电报时,电键将电路接通或断开,信息是以"点"和"划"的电码形式来传递的。发一个"点"需合0.1秒,发一"划"需要0.3秒。在这种情况下,电信号的状态只有两种:按键时有电流,不按键时无电流。有电流时称为传号,用数字"1"表示;无电流时叫空号,用数字"0"表示。一个"点"就用"1、0"来表示,一个"划"就用"1、1、1、0"来表示。莫尔斯电报将要传送的字母或数字用不同排列顺序的"点和划"来表示,这就是莫尔斯电码,也是电信史上最早的编码。莫尔斯的新奇构思是电报发明的一个重大突破,直到今天,莫尔斯电码仍在普遍使用着。

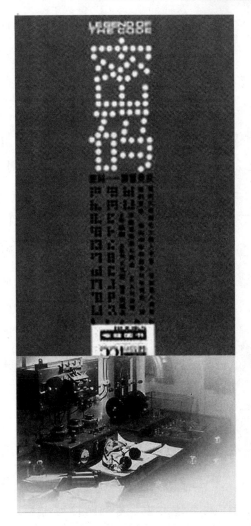

神奇古老的莫尔斯电码

莫尔斯有了新突破之后,马上投入到紧张的工作之中,他要把自己的设想变为实用的装置。资金缺乏,使他难以继续研究。不得已他只能抽出一部分时间来进行美术教学。他把教学得到的报酬全部用到电报的研制上。经过一年的努力,终于在1837年研制成功了一台传递电码的装置,他欣喜地把它称为"电报机"。

1838年1月,莫尔斯做了一个在3英里收发电报的试验,取得了成功。1840年4月,这项发明申请到了专利。他试图说服别人投资生产电报机,但却没人感兴趣。莫尔斯只得到欧洲去活动,希望能在欧洲推广应用。然而这时英国的惠斯通已经发明了电磁电报,俄国的希林也造出了其他样式的电报机,大大延长了通信距离,达到了可以实际应用的水准。

1842 年,美国国会通过了开发电报技术的议案,莫尔斯终于有机会大展宏图了。1843 年,美国国会决定拨款 3 万美元架设华盛顿和巴尔的摩之间长距离的电报线路,全长64.4 千米。第二年,长距离电报收发又取得成功。

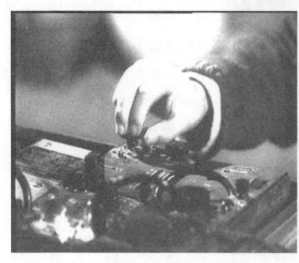

莫尔斯在美国表演

1844 年 5 月 24 日,在美国国会大厅里举行了一次隆重的电报机通信实验活动。在座无虚席的国会大厦里,莫尔斯踌躇满志地向应邀前来的科学家和政府人士介绍了电报机的原理。他的演讲激起了听众们的极大兴趣,人们都焦急地等待着"用电线传递消息"的奇迹发生。莫尔斯接通电源,用他那激动得有些颤抖的双手,操纵着他倾十余年心血研制成功的电报机,向巴尔的摩发出了人类历史上的第一份电报:"上帝创造了何等奇迹!"随着一连串的"滴滴答答"声的响起,电文通过电线很快就传到数十千米开外的巴尔的摩,莫尔斯的助手接到了他传来的电文,并准确无误地把电文译了出来。莫尔斯的电报终于成功了!

莫尔斯自动线报机

这一世界电信史上的壮举在美国、英国和欧洲其他国家都引起了轰动。1844 年 5 月 24 日成了国际公认的电报发明日。莫尔斯的电报因为使用了电报编码,具有简单、准确和经济实用的特点,比其他人发明的电报优越得多。很快,他的电报风靡全球。如今,莫尔斯电码已成为现代电报通信的基本传信方法。

电报的发明是电信史上光辉的一页,开创了人类利用电来传递信息的历史。从此,信息传递的速度加快了。电报便可以载带着人们所要传送的信息绕地球走上 7 圈半。这种速度是以往任何一种通信工具所望尘莫及的。

电话的发明——贝尔

在美国波士顿大学校务会议上,校长和校董们正在讨论贝尔教授的辞职问题。

波士顿大学

　　校方不接受贝尔教授的辞呈,因为贝尔是一个出色的语音学家,贝尔太胜任波士顿大学语音学教授的职务了。这位出生在苏格兰的 26 岁教授是波士顿大学的荣誉。他在一个书香世家长大,父亲和祖父都是著名的语言学家,17 岁毕业于欧洲著名的英国爱丁堡大学。他在伦敦大学专攻语音学硕士学位。当贝尔父子为逃避肺结核移居北美,立刻引起美国专家们的重视。当 22 岁的贝尔应聘成为波士顿大学教授的时候,贝尔的父亲已经成为北美闻名的语音专家了。贝尔父子两人经常被邀请到各地去讲演。贝尔十分善于讲演,很受听众的欢迎。

贝尔为什么要辞去语音教授令人羡慕的教授位置呢?他当然有自己的想法。

贝尔来美国定居时,莫尔斯电报已广泛应用,成为一种新兴的通信工具。贝尔想:"既然电流能够传递电波信号,为什么不能传播音波信号呢?"贝尔打算发明一种传播声音的"电报"。如果人们用电缆直接通话,那该多么方便啊!

贝尔电话研制已经进入了关键阶段,所以他向学校提出辞职。自己买材料,自己安装,做实验,查数据,紧张的工作搞得他精疲力竭,就连辞职书也是请别人代转校长的。

校方终于同意了贝尔的辞呈,他现在可以正式搞实验了,再也用不着挤时间。白天和黑夜全都属于他,他全身心地投入到电话研制中去。电磁铁片的振动膜研制成功了。讯号共鸣箱也宣布完工。螺旋线圈的振动簧片,已经达到设计要求。拟想中的电话主要部件全部完成,繁杂的工艺使他自顾不暇,贝尔非常需要一个助手,因为研究电话,必须两个人合作才行。一个偶然的机会,他遇到一位18岁的电气技师沃特森。两人一见如故。很快,共同的理想和追求,使他们成了终生不渝的合作者和朋友。

贝尔和沃特森的实验室很简陋,实际上是两间废弃多年的马车棚,坐落在波士顿柯特大街109号寓所内。尘土满地,拥挤闷热,一间房子四周被他们堵得严严实实。为了防止外面杂音传到屋内,贝尔叫它"听音室";另一间是"车间",兼作"喊话室"。房内到处是电磁元器件。经过贝尔和沃特森的勤奋劳作,两间房子的隔音效果十分理想。

贝尔曾经在聋哑学校任教

两年的时间很快过去了,他们经历了无数次的挫折、失败,但他们也从失败中看到了希望。1875 年 6 月 2 日,沃特森走进喊话室,准备发出声音讯号。贝尔跑进听音室,随即把门关得紧紧的。按照两人的约定,在试验中沃特森用声音使振动膜轮番振动,而贝尔则依靠自己特殊的语音学家的敏锐听觉,倾听振动簧片产生的共振。他挨个将那些共振薄膜安装到收话器上,仔细地辨听电流脉冲产生的音响。突然,他听到了一种断断续续的声响,那是从颤动的振动共振膜里发出来的。细心的贝尔当即断定，它不是脉冲电流产生的声音。他需要沃特森的证实！整个这一切只不过是一瞬间的事情。然而，这是导通认识思路的一瞬间。贝尔感到他终于捉住了那鬼魂般时有时无的振动的尾巴。贝尔迫不及待地将收话器放到桌子上，冲出房门，大步流星地朝隔壁房间奔去。他非常激动，朝着被连续 16 小时紧张工作弄得筋疲力尽的沃特森喊道："你是怎样做的？你什么也别动！按照两分钟前的做法重复一遍！""请原谅，我太累了，所以搞错了。"沃特森解释道。贝尔平静下来说："亲爱的沃特森，我知道你很累了。我请你完整地重复一遍搞错的过程……"沃特森解释说，他想接通振动膜时，未能把它接到电路上。为了排除故障，他就扯动了几下膜片，想用这种方法使它振动。而这正是贝尔在接收器里听到颤音。它就像当今人们在使用麦克风前，用手指弹击受话器的振动膜一样。

贝尔的思路被证实了，他激动地说："总算响起来了，总算响起来了。""你快说，发生了什么？"沃特森的困意一下全没了。贝尔告诉沃特森，以前我们的设计思路只注意到发送和接收电流脉冲信号，这样就使接收复制出的电流脉冲信号发生很大的变形。难怪两年多来，那古怪的电流脉冲信号时有时无，使我们一直困惑。这次，你手动膜片必然带动线圈，因而产生了法拉第所发现的感应电流，我接收到的正是你的感应电流。这种电流是由簧片牵动线圈振动而产生的……

沃特森一下子醒悟。他建议把精力放在感应电流的产生和复制上，就可以实现通话。"对!"贝尔狠劲拍了一下伙伴的手掌。两人笑了起来，又接着做试验。

沃特森扭身跑进听音室。贝尔让振动膜及线圈在受话器已有的磁场中来回上下移动。"听到了，听到了。"一种奇妙的沙沙声，最后变成刺耳的尖声。现代人打电话时，经常为感应电流失控产生的噪声而烦恼。可是，当时这声音在沃特森和贝尔的耳朵里，比优美的交响乐还要悦耳。

话器和听筒

在两位年轻人的头脑中已经形成了电话基本原理的雏形。用声音振动膜片，同时使线圈振动产生感应电流，通过导线传递到收听一方，感应电流又转化为线圈振动，最后振动簧片复制出声音。

感应电流的问题解决了，振动膜复制声音就容易了。贝尔辞去教授职务时，已经和父亲用四年多时间研制聋人用的助听器。这方面贝尔不担心,而感应电流是沃特森熟悉的,对此他也是放心的。

他们又苦干了半年,终于制成了第一套传话器和听筒。1876 年,贝尔刚刚 29 岁,沃特森 22 岁。两个勇敢的青年,克服了重重困难,终于把电话机制造成功了。

1876 年,贝尔获得了美国专利局的专利证书。但人们没有认识到他们此项发明的重要性。贝尔的电话初见世面,没有遇到知音。贝尔和沃特森回到波士顿,再次对电话做了改进,并且开始利用各种场合宣传电话的原理和用途,促使更多的人认识到电话的广阔前景。

贝尔在进行长途电话实验

1878 年,贝尔和沃特森首次在波士顿和纽约之间进行长途电话实验,使两地相距 300 公里的两地通话成功。这次实验成功是得益于爱迪生的发明。为了使电话跨越长距离,爱迪生改进了电话的送话器,在其中加大了感应线圈,使电话达到了实用化。这一年,贝尔电话公司正式成立。

电话的社会信息传递便利,因而发展迅速。1878 年美国电话不过几百台,两年后猛增到 48000 多台;1910 年仅北美就拥有 700 多万台电话机。100 多年后的今天,全世界已拥有 2.5~3 亿部电话机。

如今电话已经成为人们日常生活不能离开的通信工具了。

三更灯火五更鸡，正是男儿读书时。黑发不知勤学早，白首方悔读书迟。

——颜真卿

无线电的发明

门铃声急促地响起来。

古雷姆夫人放下手中的活计，急忙穿过客厅跑去开门。她以为一定是邻居威廉逊太太来了，可是推开房门一看，门外空无一人，只有中秋的阳光懒洋洋地照射在泛黄的草坪上……

明明是门铃响了，怎么会没有人呢？"真是怪事！"她只好回到书房去。

过了一会儿，铃声又响起来，古雷姆夫人不大情愿地又去了一趟，结果还是扑了个空。这回她可有点生气了，她冲出房门，一切还是静悄悄地，然而回头一看，她惊呆了。

门铃又一次响起来，她惶然地伸手去按按钮，按钮根本不听她的使唤，你按时它不响，你不按它偏响。

"马可尼，马可尼，我的孩子，快来呀！门铃出毛病了！"古雷姆夫人大声向儿子求助。

马可尼

这时，从楼上跑下来一个小伙子，他个头中等，20岁左右，穿着一身工作服，手里拿着一个带按钮的木盒子，一双炯炯有神的眼睛凝视着母亲。听了母亲的述说，小伙子笑哈哈地乐个不停，一时间，古雷姆夫人被弄得糊里糊涂。

原来，这位名叫马可尼的小伙子，正在做无线电信号传送的实验。他把门铃设计成信号接收装置，手中的木盒子就是信号发送装置。

马可尼把母亲请到他的小实验室，小长桌是他的实验工作台,上面摆着一台收发报装置。他一按手中的按钮,很快就从楼下客厅门外传来一阵阵铃声。楼上、楼下并没有任何导线相连,这使略懂一些物理知识的马可尼的母亲感到很吃惊。

马可尼在实验桌前认真思考

这就是马可尼第一次实现了无线电信号传送,他被后人誉为"无线电通信之父"。马可尼1874年4月25日出生于意大利帕多瓦城,在著名的帕多瓦大学学习物理。在马可尼的学生时代,德国物理学家赫兹用自己设计的杰出实验,证明了电磁波的存在,同时还向人类表明电是可以无线传播的,虽然,在赫兹的实验装置中,电的发射源和接收源之间的距离是微不足道的,但它却启发人们,用电进行无线通讯是可能的。

帕多瓦大学

用电进行无线通讯的关键,是扩大赫兹实验装置中电的发射源和接收源的距离。在赫兹实验的鼓舞下,物理学家们开始了扩大电波传播距离的研究,不久,法国物理学家研制的金属屑玻璃管电波接收器,在 140 米以外的地方,探测到了电磁波。法国布冉利的实验,引起了英国物理学家洛奇的兴趣,他改进了布冉利装置,成功地在 800 米外,接收到了用莫尔斯电码发送来的信号。

赫兹

1894 年元旦,年仅 37 岁的赫兹不幸逝世。这时,20 岁的马可尼正在欧拉巴圣地度假。当他看到自己的老师、帕多瓦大学物理学教授里奇悼念赫兹的祭文时,深受感动。许多有线电报的行家和物理学家对赫兹实验有助于未来的无线电报的研究寄予厚望,奥古斯特·里奇教授就是一个代表。他对热心实验研究的马可尼说:"如果人类能够利用电磁波的话,那么电报就会飞越太空。总有一天,不用导线的通讯就会成为现实。"里奇老师的一番话,使马可尼完全投入到无线电报研究上来了,用电磁波传递讯息,已成了年轻的马可尼的科学理想。

假期还没有结束,马可尼就回到帕多瓦附近父亲庄园的小阁楼里,专心地搞实验。这位年轻人经历了许多次失败,父亲常常嘲笑他是一个"不切实际的空想家",可是母亲从他屡败屡试的实验上,丝毫也看不出他的气馁。

马可尼与波波夫在研讨

马可尼刻苦攻读了赫兹、布冉利等人的电学著作,同时找来当时所能找到的实验设备和仪器:多路火花放电器、感应线圈、莫尔斯电报键和金属屑检波器。马可尼首先实现了无线电室内传送信号,使电铃响了起来。到了这一年的秋天,马可尼在小阁楼的实验室与2.7公里的山丘之间,成功地进行了通信实验,实验的进展使马可尼万分高兴。由于父亲的坚决反对,马可尼缺少继续做无线电实验的经费,他写信给意大利邮政部长要求予以资助。一个22岁的小伙子搞起了稀奇古怪的玩意,还要求政府的资助,这太古怪了,目光短浅的意大利政府对这位无名发明家的发现置之不理。

父亲的冷嘲热讽,邮政部的置之不理,都没有改变马可尼的决心。最后,在母亲的支持下,马可尼到英国找舅舅帮忙。

马可尼幸运地得到英国邮电部门普利扑斯总工程师的支持和帮助。1898年,马可尼的发明取得了英国政府的专利。在普利扑斯总工程师的支持下,无线电通信实验非常顺利。1897年,他在南威尔士越过布里斯托尔海峡,至索美塞得丘陵高地之间,进行通讯实验表演,收发报之间的距离已达15公里以上。

马可尼调试记录无线电通信实况

普利扑斯非常欣赏马可尼的才干,他幽默地说:"人人都认识鸡蛋,但是,只有马可尼把鸡蛋立了起来。"这时,马可尼达到了废寝忘食的地步。1897年5月间,马可尼的无线电通信实现了从海岸到船只等活动目标之间的通讯实用化。同年,马可尼无线电报公司在伦敦成立,马可尼兼任董事长。

马可尼废寝忘食的研究工作

1897年,马可尼成了欧洲的知名人物,意大利政府盛情邀请马可尼回国,不久他回国为意大利建立了一座陆上电报通信电台。1898年,马可尼无线电装置正式投入商业性使用,成功地为《每日快报》报道了有关金斯汤帆船比赛的情况。

19世纪的最后几天,马可尼的无线电信号第一次跨越了100公里的长距离。无线电传播的距离到底有多长,马可尼关心,电缆电报公司更关心。19世纪下半叶,全球性的电缆通信网络基本建成,无线电业务的迅速扩大必然对电缆电报公司造成威胁。当马可尼提出让电波从欧洲飞越大西洋到达美国的誓言时,却遭到来自四面八方的反对。

不仅有电缆电报公司的业务竞争,还有来自科学界的善意规劝更有代表性。物理学家认为,光是直线传播的,不可能绕过地球表面的曲面,拐弯到达美洲。想要实现横跨大西洋,必须有一面和它面积差不多相等的反射镜,如果没有它,电波将像光线一样离开地球无影无踪。一些数学家也错误地从理论上证明,无线电波的长距离传送,是根本不可能的。诸如此类的反对意见,也没有动摇马可尼的决心。马可尼在写给朋友的信中说:"科学的灵魂就是探索未知世界,科学的生命就是不断实验,只有实验的成败才是真理的判官,马可尼继续向前冲刺。"

马可尼进行了两年的对实验装置的改进,无线电收发装置灵敏度逐步提高,抗干扰性能增强了,发射机波长调谐装置研制成功了,天线高度日益提高了。

马可尼无线电传输装置

1901年在英属牙买加的康沃尔,一座高达52米的电波发射塔竣工。随即,马可尼赶往加拿大的纽芬兰,用几只巨大的风筝把接收天线升到122米的高度,万事俱备了。预定的发报时间到了。马可尼望着天空铅灰色的浮云,期待着,他仿佛看到电磁波从康沃尔出发,正向纽芬兰飞来,然而,接收机静静地停在那里。

调谐,匹配,去干扰……成功了。

无线电通信跨越大西洋

1901年12月12日,一组莫尔斯电码中的"三点短码"代表"S"字母,飞越了2000多公里,人类第一次实现了跨越大西洋的无线电通信。望着译电员译好的电文,27岁的马可尼流出了喜悦的热泪。

从此,马可尼的无线电事业,在全世界范围内轰动了。不仅各国建立了陆上电台,成百艘行驶在各大洋的邮船,也

纷纷采用马可尼无线电装置。马可尼并没有制造一面和大
西洋一样大的镜子,富兰克林的电波为什么到达了美洲呢?
后来人们才知道,这面"镜子"自然界早就有了,它就是包裹
着整个地球的大气电离层。它像镜子反射光线一样,把无
线电波反射到了美洲大陆。

马可尼一家

无线电开始成为全球性的事业。1933 年 10 月的一天
晚上,在美国科学家欢迎诺贝尔奖金获得者马可尼的宴会
上,马可尼即席表演环球无线电通信,发出无线电 SSS 信

号,经世界六大电台接转后再回到原地,电报绕地球赤道一周,仅用了 33 秒钟!

1937 年 7 月 20 日,马可尼病逝。为了纪念他对人类的贡献,国际海上无线电协会代表 50 多个国家,一致通过把马可尼的诞生日命名为"世界海上无线电服务日"。马可尼的一生,就是无线电报及其通讯发展的历史,他终生致力于无线电研究事业,为人类无线电事业(包括无线电广播、电视、微波通信、人造卫星……)打开了大门。

攀登科学文化的高峰，就要冲破不利条件限制，利用生活所提供的有利条件，并去创造新的条件。

——高士其

通信技术的新宠

社会文明和科学技术水平在当今社会已有了普遍提高，但是简单的利用光传递信息的方式仍然在广泛使用，例如红黄绿交通信号灯、旗语等，电灯发明之后，又有了利用百叶窗和灯光的灯语。我们先来讲一下旗语。

旗语产生于西方航海大发展时期，舰船之间通过旗语来进行联络。直到现在,各种信号旗仍然在船舶上悬挂。现在在 F_1 的赛车场也使用了旗语,可以说它也是一种目视光通信的手段。如果你能跟 F_1 赛手像是塞纳、舒马赫、威伦纽夫等高手谈谈有关 F_1 旗语的话题,一定能让他们刮目相看。现在就让我们了解一下 F_1 的旗语吧:

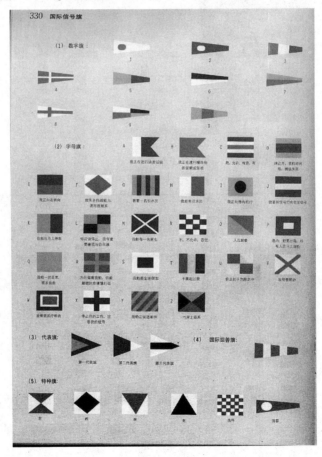

国际信号旗

白色旗表示跑道上有缓慢移动的车辆；

红色旗表示比赛已停止；

黑色旗表示指定的赛车下次通过修理站时要停车；

黄底红道旗意思是告诉车手跑道较滑；

黑白对角旗表示是非运动员行为；

黄旗表示有危险；

黑白格相间的旗子意思是比赛结束；

蓝旗表示有车手正要超车；

黑底黄色圆心旗表示赛车有故障；

绿色旗表示全程畅通。

烽火台、望远镜、交通红绿灯、旗语都是光通信的不同形式，但是它们有一个共同点，就是利用大气来传播可见光，由人眼来接收。也正因为如此，我们才会对它们如此的熟悉，可是这些却不是真正的意义上的光通信，更不是强大的光通信，真正强大的光通信应该是光纤通信。在这里，应该明确，光通信指的是一切运用光作为载体而传送信息的所有通信方式的总称，而不管传输所使用的媒质是什么；而光纤通信则是单纯地依靠光纤作为媒质来传送信息的通

光

信方式。

光通信虽然早就被人们认识到了，但发展很慢。后来又有了用灯光闪烁、旗语等传递信息的方法；但是这些都是用可见光进行的视觉通信，是非常原始的光通信方式，不能称得上是完全意义上的光通信。

近 100 多年来，人们对光通信的追求有增无减，贝尔发明电话，并尝试着用光来打电话被认为是近代光通信的开始。20 世纪 60 年代后，随着人们对通信的要求变得越来越强烈，光通信获得了突飞猛进的发展。我们今天所说的光通信已不再是用可见光进行的视觉通信，而是采用光波作为载波来传递信息的通信方式了。现代人类已经进入了信息社会，光通信的魅力也逐步展现在人们面前。

波波夫用的无线电接收机

晶体管

光通信比无线电通信的历史更悠久。波波夫发送与接收第一封无线电报是在 1896 年，以发明电话而著名的贝尔，在 1876 年发明了电话之后，就想到利用光来通电话的问题。1880 年，他利用太阳光作光源，大气为传输媒质，用硒晶体作为光接收器件，成功地进行了光电话的实验，通话距离最远达到了 213 米。1881 年，贝尔宣读了一篇题为《关于利用光线进行声音的产生与复制》的论文，报道了他的光电话装置。在贝尔本人看来：在我的所有发明中，光电话是最伟大的发明。贝尔用弧光灯或者太阳光作为光源，光束通过透镜聚焦在话筒的震动片上。当人对着话筒讲话时，震动片随着话音震动而使反射光的强弱随着话音的强弱作相应的变化，从而使话音信息"承载"在光波上（这个过程叫调制）。在接收端，装有一个抛物面接收镜，它把经过大气传送过来的载有话音信息的光波反射到硅光电池上，硅光电池将光能转换成电流（这个过程叫解调）。电流送到听筒，就可以听到从发送端送过来的声

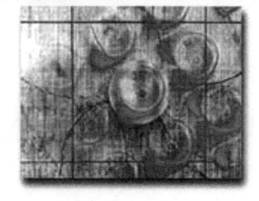

贝尔的光电话

音了。

光在大气中传播很简单,所以人们开始研究的光通信都是利用光在大气中传播信息。但是光在大气中的传送要受到气象条件的限制,比如遇到下雨、下雪、阴天、下雾等情况,就会看不远看不清,这叫作大气的能见度降低,使信号传输受到很大阻碍。此外,太阳光、灯光等普通的可见光源,都不适合作为通信的光源,因为从通信技术上看,这些光都是带有"噪声"的光。也就是说,这些光的频率不稳定、不单一,光的性质也很复杂。一句话,就是光不纯。因此,真要用光来通信,必须要解决两个最根本的问题:一是必须有稳定的、低损耗的传输媒质;另一个问题是必须要找到高强度的、可靠的光源。在此后的几十年中,由于这两项关键技术没有得到解决,光通信就一直裹足不前。也正因此,贝尔的光电话始终没有走上实用化的阶段。所以我们今天也没有用上贝尔的光电话,而只是用了他发明的电话;但不管怎样,贝尔真的是一位伟大的发明家。

1870 年,英国物理学家廷德尔通过实验发现,把光照

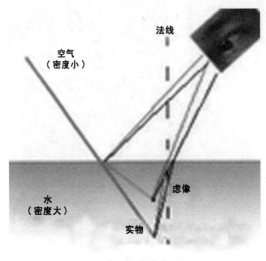

光的折射现象

射到盛水的容器内,从出水口向外倒水时,光线也沿着水流传播,出现弯曲现象,这好像不符合光只能直线传播的定律。实际上,这时光仍是沿直线传播的,只不过在水流中出现了光反射现象,因而光是以折线方式前进的。光也可以"走弯路"。

光导纤维.

直至1955年,廷德尔观察到的现象才得到实际应用。当时在英国伦敦英国学院工作的卡帕尼博士,发明了用极细的玻璃制作的光导纤维。每根细如丝的光导纤维是用两种对光的折射率不同的玻璃制成,一种玻璃形成中央中心束线,另一种包在中心束线外面形成包层。由于两种玻璃在光学性质上的差别,光线经一定角度从光导纤维的一端射入后,不会从纤维壁逸出,而是沿两层玻璃的界面连续反射前进，从另一端射出。最初，这种光导纤维只是应用在医学上，用光纤束组成内镜，可以观察人体肠胃内的疾病，协助医生及时作出确切的判断。其实，现代的光纤通信也就是运用光反射原理，把光的全反射限制在光纤内部，用光信号取代传统通信方式中的电信号，从而实现信息的传递。

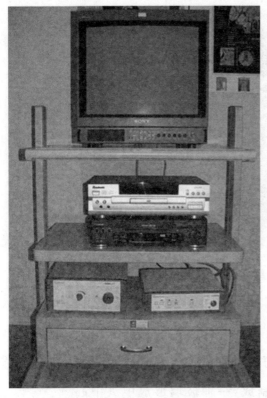

内镜的装置

人类不断探索理想光传输介质，经过不懈的努力，人们发现了透明度很高的石英玻璃丝可以传光。这种玻璃丝叫作光学纤维，简称"光纤"。人们用它制造了在医疗上用的内镜，例如做成胃镜，可以观察到距离一米左右的体内情况。但是它的衰减损耗很大，只能传送很短的距离。光的损耗程度是用每千米的分贝为单位来衡量的。直到 20 世纪 60 年代，最好的玻璃纤维的衰减损耗仍在每公里 1000 分贝以上。每公里 1000 分贝的损耗是什么概念呢？每公里 10 分贝损耗就是输入的信号传送 1 公里后只剩下了 1/10,20 分贝就表示只剩下 1％,30 分贝是指只剩 1‰……1000 分贝的含意就是只剩下亿百分之一,这无论如何也不可能用于通信的。因此,当时有很多科学家和发明家认为用玻璃纤维通信希望渺茫,失去了信心,放弃了光纤通信的研究。

激光器和光纤的发明,使人们对光通信又有了信心和希望。而要实现光纤通信,还需要在激光器和光纤的性能上有重大的突破。但是在这两方面的突破遇到了许多困难,尤其是光纤的损耗要达到可用于通信的要求,从每千米损耗 1000 分贝降低到 20 分贝似乎不太可能,以致很多科学家对实现光纤通信失去了信心。就在这种情况下,出生于上海的英籍华人高锟博士,通过在英国标准电信实验室所作的大量研究的基础上,对光波通信作出了一个大胆的设想。他认为,既然电可以沿着金属导

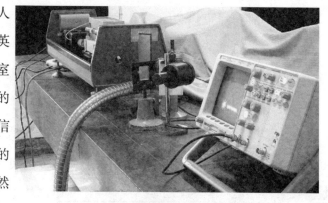

固体激光器

线传输,光也应该可以沿着导光的玻璃纤维传输。1966 年 7 月,高锟就光纤传输的前景发表了具有重大历史意义的论文,论文分析了玻璃纤维损耗大的主要原因,大胆地预言,只要能设法降低玻璃纤维的杂质,就有可能使光纤的损耗

从每公里 1000 分贝降低到 20 分贝/公里,从而有可能用于通信。这篇论文使许多国家的科学家受到鼓舞,加强了为实现低损耗光纤而努力的信心。

1970 年,美国康宁玻璃公司的三名科研人员马瑞尔、卡普隆、凯克成功地制成了传输损耗每千米只有 20 分贝的光纤。也就是说用它和玻璃的透明程度比较,光透过玻璃功率损耗一半(相当于 3 分贝)的长度分别是:普通玻璃为几厘米、高级光学玻璃最多也只有几米,而通过每千米损耗为 20 分贝的光纤的长度可达 150 米。这就是说,光纤的透明程度已经比玻璃高出了几百倍!在当时,制成损耗这样低的光纤可以说是惊人之举,这标志着光纤用于通信有了现实的可能性。

1970 年,激光器和低损耗光纤,都取得了关键性的突破。使光纤通信开始从理想变成可能,这立即引起了各国电信科技人员的重视,他们竞相进行研究和实验。1974 年美国贝尔研究所发明了低损耗光纤制作法——CVD 法(汽相沉积法),使光纤损耗降低到 1 分贝/公里;1977 年,贝尔研究所和日本电报电话公司几乎同时研制成功寿命达 100 万小

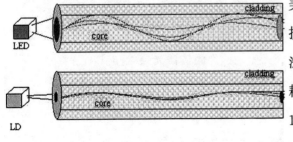

新一代多模光纤

时（实用中 10 年左右）的半导体激光器，从而有了真正实用的激光器。1977 年，世界上第一条光纤通信系统在美国芝加哥市投入商用，速率为 45Mb/s。

单模光纤

从理想步入现实，光纤通信的发展极为迅速，应用的光纤通信系统已经多次更新换代。20 世纪 70 年代的光纤通信系统主要是用多模光纤，应用光纤的短波长（850 纳米）波段，（1 纳米＝1000 兆分之一米）。80 年代以后逐渐改用长波长（1310 纳米），光纤逐渐采用单模光纤，到 90 年代初，通信容量扩大了 50 倍，达到 2.5Gb/s。进入 90 年代以后，传输波长又从 1310 纳米转向更长的 1550 纳米波长,并且开始使用光纤放大器、波分复用(WDM)技术等新技术。通信容量和中继距离继续成倍增长。广泛地应用于市内电话中继和长途通信干线,成为通信线路的骨干。

1876 年，贝尔发明了电话，成为世界通信史上的里程碑，这场革命至今仍未终止。

在贝尔发明电话以前，电报是最快捷的通信方式。而电报这个通讯方式也刚刚问世不久，在这之前，紧急信息只能由驿马、烟火信息、鸽子或船只传送。19 世纪 70 年代，许多人都在致力于改进电报，而贝尔具有得天独厚的优势。作为一个年轻人，贝尔献身于帮助聋人的事业，并企图通过改进电报来得到大笔财富。在实验中，他听见一个震颤声沿着电线从一个房间传到另一个房间。如果其他发明者听到同样轻微的声音，他们几乎不可能理解其重要意义。而贝尔对人类耳朵的震动原理有着充分的了解，他立即发现通过电线传递人类的声音是可行的，电话

驿马快递

诞生了。10年之内它遍及美国,很快又传遍全世界。

当今社会是一个信息社会,我们可以很迅速地接收到来自全球任一角落的信息。

18世纪30年代,铁路飞速发展,迫切需要一种不受天气影响、没有时间限制又比火车跑得快的通信工具。此时,发明电报的基本技术条件(电池、铜线、电磁感应器)也已具备。1837年,英国库克和惠斯通设计制造了第一个有线电报,且不断加以改进,发报速度不断提高。这种电报很快在铁路通信中获得了应用。他们的电报系统的特点是电文直接指向字母。

美国人莫尔斯也萌发了发明电报的奇特思想。他是一位画家,凭借了他丰富的想象力,不屈不挠的奋斗精神,实现了许多人梦寐以求的目标。在他41岁那年,他从法国学画后返回美国的轮船上,医生杰克逊将他引入了电磁学这个神奇世界。回美国后,他全身心地投入到研制电报的工作中去。1844年5月24日,莫尔斯电报获得成功,轰动了全世界。19世纪后半叶,莫尔斯电报已经获得了广泛的应用。但是莫尔斯电报也有其缺点,就是从发报人到收报人需利用专门的电码译本经过两次翻译才能把信息传递过去,而且发报人不能立即获得收报人的反馈信息。这就使通信仍然不够方便。所以在欧美掀起了一股竞相发明电话机的热潮。

贝尔和有关的实验人员

贝尔原是一个语音学教授。他在研究一种为耳聋者使用的"可视语言"的实验中意外发现了一种新现象：当切断或接通电流时，电路中螺旋线圈会发出轻微的沙沙声，就像莫尔斯电报的滴答声一样。贝尔注意到了常人根本不在意的细节，又反复试验了很多次。受这一现象的启发，贝尔的脑海里逐渐浮起了一个新奇的想法：先设法将发声的空气振动变成电流的连续变化，再用电流的变化模拟出声音的变化。这就是发明电话的初始原理。但是，怎样实现"从声音变化到电流变化"，又"从电流变化到声音变化这两个转化"呢？贝尔请教了电学界的几位能人，有的人一笑置之，有的劝他放弃幻想。这种境况反倒坚定了贝尔的信心，他决心从头学习电学。他向著名物理学家亨利请求帮助。在亨利的鼓励下,贝尔和年轻的助手沃特森在简陋的实验室进行了无数次的实验。终于取得了成功,贝尔的电话机问世了。

电话在今天已成为人们日常生活中必不可少的通信工具。电话的种类亦名目繁多,但电话的基本原理仍然没有改变。当我们回首当年莫尔斯、贝尔等先驱者首创电报、电话的艰难历程时有何感想呢?对我们今天即将参与的研究性学习有什么启示呢?首先让我们想起了马克思的名言:"在科学上没有平坦的大道,只有不畏艰险沿着陡峭山路攀登的人,才有希望达到光辉的顶点。""在科学的入口处,正像在地狱的入口处一样,必须提出这样的要求:这里必须杜绝一切犹豫,这里任何怯懦都无济于事。"

电报、电话的发明,同千千万万新事物的发明一样,是一个将思想变为现实的过程,是把人们的设想化为实物的过程,也就是创造新事物的过程。在这一点上,科学的发明与科学的发现不同。无论是科学发明还是科学发现,都需要人们有不畏艰险、勇于攀登的精神,都需要人们作出艰苦卓绝的努力,才能取得成果,才能"达到光辉的顶点"。

信息通迅大发展

人类的想象力和创造力是无止境的，人们经过艰苦的探索，掌握了光纤通信的奥秘，把地球用一束束的玻璃丝牢牢地裹起来以后，人们又把目标盯在了地球之外的宇宙空间，这就是宇宙激光通信。由于宇宙空间没有大气或尘埃，激光在那里传输时比在大气中的衰减小得多，因而激光用于宇宙通信既优越又经济，这受到各国的普遍重视，现在已经有大量的科学家投身到了这个研究领域。

我们从光通信的发展过程来看，不难发现，人们使用过的光通信的传输媒质有大气、水、液体纤维导管、玻璃纤维、光缆，甚至还在尝试使用外层空间；用于光通信的波长范围从红外线、可见光到高频射线。人类孜孜不倦的尝试和丰富的想象力启发我们：我们总可以找到比以前更好的传输媒质！我们也可以充分利用电磁波广阔的频谱！应该认识到，人类的发明和创造通常是建立在对前人认识成果的改造和创新的基础之上的，尽管当前光通信传输领域占主导地位的是光纤，但是这并不意味着其他方式被淘汰了，只要展开自己想象的翅膀，我们依然能够找到更好的传输媒质，当然我们也可以考虑将以前尝试过的传输媒质进行新的加工，从而获得比光纤更优越的传输性能。比如人类正在探索的宇宙光通信，它的身上不也闪烁着贝尔光电话的灵感之光吗？

在 20 世纪 70 年代，国外的低损耗光纤获得突破以后，我国从 1974 年开始了低损耗光纤和光通信的研究工作，并于 70 年代中期研制出低损耗光纤和室温下可连续发光的半导体激光器。1979 年分别在北京和上海建成了市话光缆通信试验系统，这比世界上第一次现场试验只晚两年多。到 80 年代末，我国的光纤通信的关键技术已达到国际先进水平。从 1991 年起，我国已不再建长途电缆通信系统，而大力发展光纤通信。在"八五"期间，建成了含 22 条光缆干线、总长达 33000 公里的"八横八纵"大容量光纤通信干线传输网。1999 年 1 月，我国第一条最高传输速率的国家一级干线（济南—青岛）8×2.5Gb/s 密集波分复用（DWDM）系统建成，使一对光纤的通信容量又扩大了 8 倍。

数 据 通 信 划 时 代

生命多少用时间计算，
生命价值用贡献计算。
——裴多菲

移动通信

关于移动通信的梦想

呼机、手机对我们每个人来说已经非常熟悉，对于现代移动通信，相信大家也不会陌生。

早在远古时代，就有过这样的向往。大家应该会记得《西游记》中的一

孙悟空

幕：玉皇大帝派二郎神捉拿孙悟空，众神都在凌霄宝殿上观战，正当底下打得厉害的时候，忽然孙悟空不见了，于是玉皇大帝就叫出"千里眼"和"顺风耳"，"千里眼"和"顺风耳"一个看，一个听，很快就把孙悟空找到了。

日本传说中也有关于"顺风耳"的故事：深山里住着一种"回声"妖怪，平时我们对着深山喊，深山里的回声就是它附和着人的声音发出来的，听起来挺恐怖，不过这种妖怪是不伤害人的。而且它还有一种法力，可以一下子把声音传到远方你想通话的人那里去。

关于这方面的神话还有很多，可见古代中外的人们由于交通不便，联系起来非常不容易，于是他们都想象着"顺风耳"的出现，可以和远方的亲人尽快的联系。如今，古人的梦想已经被我们实现了。"顺风耳"真的出现了，那就是现在的移动通信，移动通信可以使你联系到任何地方任何人。

呼机、手机等等这些现代化的通信工具给予我们极大的方便。它可以把远方亲人的声音原原本本地送到你面前。让你充分领略到科技的力量。科技带给人们的便利,将伴随着科技的进一步发展体现在我们面前。

呼机、手机

移动通信的诞生

回顾世界范围的移动通信的发展历程,可分为四个阶段。

第一阶段:20世纪20年代至40年代初,移动通信有了初步的发展,不过当时的移动通信使用范围很小,主要使用对

电子管

象是船舶、飞机、汽车等专用移动通信以及运用在军事通信中,使用频段主要是短波段(比如现在的收音机用的频段),由于受当时技术的限制,移动通信的设备也只是采用电子管的,不但又大又笨重,而且效果很差。当时也只能采用人工交换和人工切换频率的控制和接续方式,接通时间和接通效率都与今天的移动通信相差太远。不过当时的工程师们都看到了移动通信的潜力,将大量的人力物力投入在移动通信的发展上。

第二阶段:20 世纪 40 年代中期至 60 年代末,移动通信进一步发展,在频段使用上,主要使用 VHF(甚高频)频段的 150MHz,到了后期又发展到 400MHz 频段。同时 60 年代晶体管的出现,使移动台向小型化方面前进。效果也比以前有了明显好转,移动通信便捷,在美国、日本、英

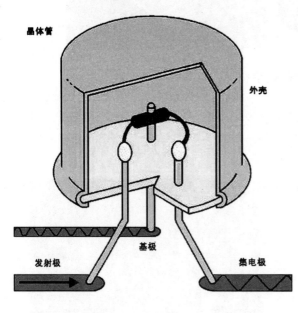

晶体管
外壳
基极
发射极
集电极

晶体管

国、联邦德国等国家开始应用汽车公用无线电话(MTS 或 IMTS),与此同时,专用移动无线电话系统大量涌现,广泛

用于公安、消防、出租汽车、新闻、调度等方面。同时此阶段的交换系统已由人工发展为用户直接拨号的专用自动交换系统。接通效率也有了很大改善。这时，移动通信逐步走进了公众的日常生活，人们已经看到了未来个人移动通信的曙光。这时的移动通信，开始快速向小型化、便捷化以及个人化发展。

集成电路

第三阶段：20 世纪 70～80 年代，集成电路技术、微型计算机和微处理器的快速发展，以及由美国贝尔实验室推出的蜂窝系统的概念及其理论在实际中的应用，使得美国、日本等国家纷纷研制出陆地移动电话系统。可以说，这时的移动通信系统真正进入了个人领域：具有代表性的有美国的 AMPS 系统，英国的 TACS 系统，北欧（丹麦、挪威、瑞典、芬兰）的 NMT 系统、日本的 NAMTS 系统等等，这些系统均先后投入商用。这个时期系统的主要技术是模拟调频、频分多址，以模拟方式工作（这些名词将在以后的文章中解释），使用频段为 $800/900\mathrm{MHz}$，故称之为蜂窝式模拟移动通信系统，或为第一代移动通信系统。

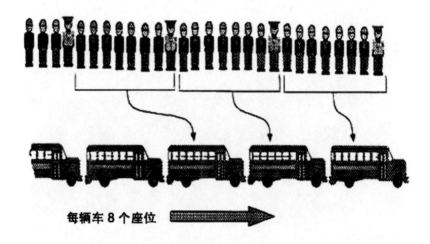

每辆车 8 个座位

蜂窝移动通信系统的逻辑信道

这一阶段，移动通信系统不断完善。系统的耗电、重量、体积大大缩小，服务多样化，系统大容量化，信息传输实时化，控制与交换更加自动化、程控化、智能化，其服务质量已达到很高的水平。世界上第一个蜂窝系统是由日本的电话和电信公司（NTT）于 1979 年实现。进入 20 世纪 80 年代，可以说移动通信已经达到了成熟阶段。与此同时，许多无线系统已经在全世界范围内发展起来。寻呼系统和无绳电话系统在扩大服务范围。许多相应的标准应运而生。

GSM 蜂窝移动通信系统

第四阶段:20 世纪 90 年代至今,数字技术不断发展的今天,通信、信息领域中的很多方面都面临向数字化、综合化、宽带化方向发展的问题。第二代移动通信系统是以数字传输、时分多址或码分多址(这些名词将在以后的文章中解释)为主体技术,目前国际上已进入商用和准备进入商用的数字蜂窝系统有欧洲的 GSM、美国的 DAMPS(IS-54 目前用 IS-136)、日本的 JDC 系统及美国的 IS—95 系统等。20 世纪 90 年代中期,世界各移动通信设备制造商和运营商已从对第三代移动通信系统的概念认同阶段进入到具体的设计、规划和实施阶段。在开发第三代系统的进程中形成了北美、欧洲和日本三大区域性集团。它们又分别推出了 W—CDMA、TD/CDMA 和宽带 CDMA One 的技术方案。为实现第三代移动通信系统(IMT—2000)全球覆盖与全球漫游,三种技术方案之间正在相互做出某些折中,以期相互融会。

第三代移动通信是综合的全球个人通信网,它是 2000 年以后的移动通信网络。目前规划与研究比较典型的系统有:

1.未来公用陆地移动通信系统(FPLMTS)。它是一个由国际无线电咨询委员会建议的系统,计划将所有的移动通信系统综合于一体,为移动用户在全球范围内提供高质量的话音和非话音服务,并能与其他通信网互联。

2.通用移动通信系统(UMTS)。它是欧共体于 1988 年开始的"欧洲高级通信研究"发展计划的一部分,并于 2000 年左右在欧洲投入使用。通用移动通信系统将具有三个重要特点,即:第一,一个综合了现有移动通信的综合系统;第二,是一个提供多种服务的综合业务系统;第三,通用移动通信系统可用于各种环境。

在提供话音和低速数据业务方面,第二代移动通信系统已取得了巨大的成功,而且在以后多年里也将继续被广泛使用。通过增强网络元件功能,使这些老一代标准的网络继续得到发展或升级。第三代移动通信系统将能够提供目前只有固定接入才能实现的更先进的业务和更高的数据速率,以及一系列新业务。此外,第三代移动通信系统已将"全球漫游"作为一项关键要求,从而可为全球移动用户开创更广泛的市场,挖掘更大的设备通用潜力,并提高经济效益。第三代移动通信系统应提供的特性包括:名副其实的无处不在、无缝高效的无线数据能力,能够吸引在固定通信领域日益增长的数据业务。

学问对于人们要求最大的紧张和最大的热情。

——巴甫洛夫

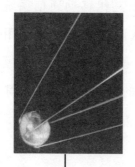

微波通信

微波发展简史

微波的发展是与无线通信的发展是密切联系的。1901 年马可尼使用 800KHz 中波信号进行了从英国到北美纽芬兰的世界上第一次横跨大西洋的无线电波的通信试验,打开了人类无线通讯的大门。无线通信初期,人们使用长波及中波来通信。20 世纪 20 年代初人们发现了短波通信,直到 20 世纪 60 年代卫星通信的兴起,它一直是国际远距离通信的主要手段,并且对目前的应急和军事通信仍然很重要。

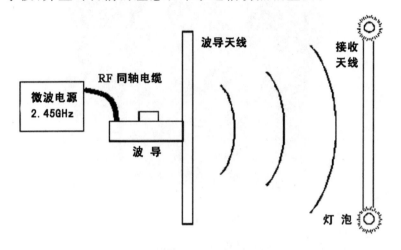

微波在空气中传播

电磁波用于空间传输,其传播的速度等于光速。无线电波可以按照频率或波长来分类和命名。我们把频率高于 300MHz 的电磁波称为微波。由于各波段的传播特性各异,因此,可以用于不同的通信系统。例如,中波主要沿地面传播,绕射能力强,适用于广播和海上通信。而短波具有较强的电离层反射能力,适用于环球通信。超短波和微波的绕射能力较差,可作为视距或超视距中继通信。

微波通信从 20 世纪 50 年代开始,由于其通信的容量大、投资费用少(约占电缆投资的 1/5),建设速度快、抗灾能

微波的发展历史

力强等优点而取得迅速发展。20 世纪 40～50 年代产生了
传输频带较宽、性能较稳定的微波通信,成为长距离大容量
地面干线无线传输的主要手段,模拟调频传输容量高达
2700 路,也可同时传输高质量的彩色电视,而后逐步进入中
容量乃至大容量数字微波传输。20 世纪 80 年代中期以来,
随着频率选择性色散衰落对数字微波传输中断影响的发
现,以及一系列自适应衰落对抗技术与高状态调制与检测
技术的发展,使数字微波传输产生了一个革命性的变化。
特别应该指出的是 80～90 年代发展起来的一整套高速多
状态的自适应编码调制解调技术与信号处理及信号检测技

术的迅速发展,对现今的卫星通信、移动通信、全数字HDTV 传输、通用高速有线/无线的接入,乃至高质量的磁性记录等诸多领域的信号设计和信号的处理应用,起到了重要的作用。

外国发达国家的微波中继通信在长途通信网中所占的比例非常高,有一半以上。据统计,美国为 66%,日本为 50%,法国为 54%。我国自 1956 年从东德引进第一套微波通信设备以来,经过仿制和自发研制过程,已经取得了很大的成就,在 1976 年的唐山大地震中,在京津之间的同轴电缆全部断裂的情况下,六个微波通道全部安然无恙。20 世纪 90 年代的长江中下游的特大洪灾中,微波通信又一次显示了它的巨大威力。在当今世界的通信革命中,微波通信仍是最有发展前景的通信手段之一。

卫星通信也很快发展起来,从 1945 年克拉克提出三颗对地球同步的卫星可覆盖全球的设想以来,卫星通信真正成为现实经历了 20 年左右的时间。先是诸多低轨卫星的试验:1957 年 10 月 4 日原苏联成功发射的世界上第一颗距地球高度约 1600 千米的

卫星通信

人造地球卫星,实现了对地球的通信,这是卫星通信历史上的一个重要里程碑;1965 年 4 月 6 日发射的"晨鸟"号静止卫星标志着卫星通信真正进入了实际商用阶段,并纳入了世界上最大的商业卫星组织 INTELSAT 的第一代卫星系统 IS−I。GEO 商用卫星通信以 INTELSAT 卫星系统为典型,从 1965 年 IS−I 以来,至今正式商用的卫星系统历经八代 12 种。

第一颗人造卫星

移动通信方面,它的发展至今大约经历了五个阶段:第一阶段为 20 世纪 20 年代初到 50 年代末,主要用于船舰及军用,采用短波频段及电子管技术,至该阶段末期才出现150MHz 的单频汽车公用移动电话系统 MTS;第二阶段为

50～60 年代,此时频段扩展到 UHF450MHz,器件技术已经向半导体过渡,大都为移动环境中的专用系统,并解决了移

动电话与公用电话的接续问题;第三阶段为 20 世纪 70 年代初到 80 年代,此时频段已经扩展到 800MHz,美国进行了 AMPS 试验;第四阶段为 20 世纪 80 年代到 90 年代中期,第二代数字移动通信兴起并且大规

无绳电话

模的发展,并逐步向个人通信发展,出现了 D－AMPS、TACS、ETACS、GSM/DCS、CDMAONE、PDC、PHS、DECT-PACS、PCS 等各类系统,频段扩至 900MHz～1800MHz,而且除了公众移动电话系统以外,无线寻呼系统、无绳电话系统、集群系统等各类移动通信手段适应用户与市场需求同时兴起;第五阶段为 20 世纪 90 年代中期到现在,随着数据通信与多媒体的业务需求的发展,适应移动数据,移动计算机及移动多媒体的第三代移动通信开始兴起 CDMA2000,WCDMA,LAS－CDMA 等相应的标准应运而生。无线通信

技术前景非常好。

近几十年来，随着国内信息网络的发展，对通信基础设施的要求也高了。各种网络接入技术越来越受到人们的重视。网络接入大致上可分为网络接入和单机接入两类。许多技术如 DDN、XDSL、56K、ISDN、微波、帧中继、卫星通信等都成为人们的关注对象。迄今，尽管中国电信基础建设取得了极大的发展，但是仍无法满足网络迅速发展的迫切需要。因此，无线微波扩频通信以其建设快速、简便等优势成为建立广域网连接的另一重要方式，并在一些城市中（如北京）形成一定规模，是国内城市通信基础设施的有效补充，引起了很多网络建设单位的兴趣。

无线电波的传播特性

无线电波通过多种传输方式从发射天线到接收天线。主要有自由空间波、对流层反射波、电离层波和地波。

表面波传播，就是电波沿着地球表面到达接收点的传播方式，电波在地球表面上传播，以绕射方式可以到达视线范围以外。地面对表面波有吸收作用，吸收的强弱与带电波的频率，地面的性质等因素有关。

天波传播，就是自发射天线发出的电磁波，在高空被电离层反射回来到达接收点的传播方式。电离层对电磁波除了具有反射作用以外,还有吸收能量与引起信号畸变等作用。其作用强弱与电磁波的频率和电离层的变化有关。

　　散射传播,就是利用大气层、对流层和电离层的不均匀性来散射电波,使电波到达视线以外的地方。对流层在地球上方约 10 英里处,是异类介质,反射指数随着高度的增加而减小。

　　外层空间传播,就是无线电在对流层、电离层以外的外层空间中的传播方式。这种传播方式主要用于卫星或以星际为对象的通信中,以及用于空间飞行器的搜索、定位、跟踪等。自由空间波又称为直达波,沿直线传播,用于卫星和外部空间的通信,以及陆地上的视距传播。视线距离通常为 50 千米左右。

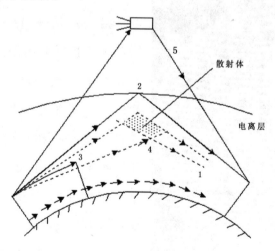

无线电波的传播

微波通信与应用

微波是一种具有极高频率（通常为 300MHz～300GHz），波长很短，通常为 1mm～1m 的电磁波。在微波频段，频率很高，电波的绕射能力弱，所以信号的传输主要是利用微波在视线距离内的直线传播，又称视距传播。这种传播方式，虽然与短波相比，具有传播较稳定，受外界干扰小等优点，但在电波的传播过程中，却难免受到地形、地物及气候状况的影响而引起反射、折射、散射和吸收现象，产生传播衰落和传播失真。

微波扩频通信系统

微波扩频通信技术的特点是指利用伪随机码对输入信息进行扩展频谱编码处理，然后在某个载频进行调制以便传输。属于中程宽带通信方式。微波扩频通信技术来源于军事领域，主要开发目的是对抗电子战干扰。它的主要特点有以下几点：

1.建设无线微波扩频通信系统目前无需申请、带宽较

高、建设周期短;

2.一次性投资、建设简便、组网灵活、易于管理、设备可再次利用;

3.相连单位距离不能太远,并且两点直线范围内不能有阻挡物;

4.抗噪声和干扰能力强,具极强的抗窄带瞄准式干扰能力,适应军事电子对抗;

5.能与传统的调制方式共用频段;

6.信息传输可靠性高;

7.保密性强,伪随机噪声使得信号不易被发现而有利于防止窃听;

8.多址复用,可以采用码分复用实现多址通信;

9.设备使用寿命较长。

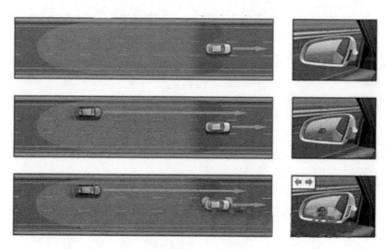

使用微波雷达的车线变更辅助系统

　　除了通信方面,微波的用途还有很多。现代雷达大多数是微波雷达,利用微波工作的雷达可以使用尺寸较小的天线来获得很窄的波束宽度,以获得关于被测目标性质的更多的信息。

一个人的价值，应当看他贡献了什么，而不应当看他取得了什么。

——爱因斯坦

卫星通信

揭开卫星的面纱

　　苏联 1957 年 10 月 4 日成功发射了第一颗人造地球卫星以后，世界许多国家相继发射了各种用途的卫星。这些卫星广泛应用于科学研究、宇宙观测、气象观测、国际通信等许多领域。

　　美国宇航局发射了"斯科尔"广播试验卫星,进行磁带录音信号的传输。1960 年 8 月,又发射了"回声"无源发射卫星,首次完成了有源延迟中继通信。1962 年 7 月美国电话电报公司 AT&T 发射了"电星一号"低轨道通信卫星,在 6GHz/4GHz 实现了横跨大西洋的电话、电视、传真和数据的传输,为商用卫星通信的技术奠定基础。1962 年 11 月美国无线电公司 RCA 发射了"中继 1 号"低轨道卫星,完成了横跨太平洋的美、日之间的电视传播。

"中继 1 号"卫星

　　由于当时火箭推力有限,卫星高度都没有超过 1 万公里,这些卫星被称为低轨道卫星,它们围绕地球转一圈的时间为几个小时。对于地球上的观察者而言,卫星总是不停地围绕地球旋转。为了接收来自卫星地信号，地球站的天线要不停地跟踪卫星。而当卫星转到地球的另一侧的时候，地球站只有暂停工作，等待再一次转到这一侧的时候继续跟踪。所以一个地球站和卫星之间的通信只能进行几个小时。而且，由于卫星相对地球站存在相对运动，由此产生的多普勒效应使接收频率发生变化，导致设备的复杂化。

美国宇航局1963年7月发射的"辛康2号"卫星，它的轨道高度升高后，可使卫星在赤道上空绕地球一周的时间与地球自转一周的时间相等。因此，卫星和地球站是相对静止的，故这种卫星也称为静止卫星。这时的卫星轨道称为地球同步轨道，因此也可以称为同步卫星。使用了这种同步卫星，建立稳定的通信线路才成为现实，至此卫星通信作为现代通信方式取得了稳固的地位。同年10月克服了许多技术上的困难，利用该卫星向全世界转播了东京奥运会的实况。

苏联于1965年发射了"闪电"同步卫星，完成了前苏

"辛康2号"卫星

联和东欧之间的区域性通信和电视广播。至此,经历了近20 年的时间,完成了通信卫星的试验,并使卫星通信的实用价值得到广泛承认。

苏联闪电同步卫星

商用卫星临时组织于 1964 年 8 月成立,1973 年 2 月更名为国际通信卫星自治。这是一个国际性商用卫星通信机构,到 1986 年已有 112 个国家参加该组织(包括中国),目前正在使用的国际通信卫星主要是 INTELSAT 卫星公司发射的"晨鸟",也成为"INTELSAT－Ⅰ"国际通信卫星。自此之后,先后发射了六代国际通信卫星－Ⅱ～Ⅶ。前四代已经完成了使命,现在正在运行的包括 IS－Ⅴ－A,IS－Ⅵ,IS－Ⅶ。

"晨鸟"卫星

在大西洋上空,"辛康2号"卫星主要用于沟通北美和欧洲间的固定业务。他们可以传送240路电话或一路电视,但不能同时工作。Ⅱ号国际卫星可以与几个地球站同时进行通信,也就是具有多址功能。由于他们的卫星天线随着卫星一起旋转,使天线波束不能始终对准地球站,因此大部分功率浪费在空间。为了改善这一性能,在Ⅲ号和Ⅳ号卫星中采用了"消旋天线",由于消旋后的天线并不能随卫星自旋而转动,可以使天线波束总是对准地球,由此地球站的接收功率增大了,就有可能使话路总数增加。

1980年发射的Ⅴ号和1985年发射的Ⅴ－A号国际卫星是一种大容量国际商用卫星。有6颗Ⅴ号卫星在同时工作,用于沟通300多个地球站。这是一种采用三轴稳定的卫星,由一个卫星舱和两个太阳电池翼组成。卫星舱体积

为 $1.66 \times 2 \times 1.77$ 立方米,包括两翼的总长度为 15.6 米。每翼由三块电池帆组成,总面积达 20 平方米。该卫星载有七副通信天线。转发器共有 27 个,可同时传送 12500 路电话和两路彩色电视信号。

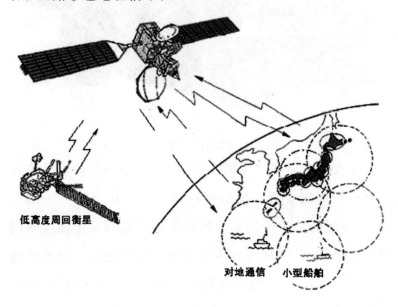

"Ⅵ号"国际卫星

1989 年发射的Ⅵ号国际卫星是一个庞大圆柱体,重量为 1600 公斤。其太阳能电池有两层,当卫星进入轨道之后两层电池同时展现出来。星上有 46 个转发器,通信容量为 24000 条双向话路和三路电视,采用数字倍增设备后扩大为 12 万个话路。部分转发器采用了星上交换时分多址技术,传输速率为 120Mbit/s。这样一来,它可将任意全球或区域波束的 TDMA 信号转送到其他所需波束处。该卫星转发器不仅使用 C 波段(6/4GHz),而且在点波束处还使用 Ku 频段(14/11GHz)。

1992 年发射的 Ⅶ 号国际通信卫星主要是为了替代 1993 年到期的 Ⅴ－A 国际通信卫星而研制的。该卫星外形与 Ⅴ－A 卫星相似,也是三轴稳定,在轨精度达±0.01°。该星采用了许多新技术,包括:

1.四个波束可按地面指令而指向地球上任何地区;

2.可根据业务需要改变卫星全球波束,将其分配给 C 波段点波束,使转发器得到充分的利用;

3.C 波段半球/区域载荷采用四重频率复用,C 波段全球/点波束采用二重频率复用,Ku 波段采用二重频率复用。

4.同时采用空间波束隔离及极化隔离,使隔离度提高到 27dB 以上。全球波束覆盖区及极化隔离可达到 35dB 以上。

除了美国 INTELSAT 系列国际通信卫星外,苏联的"静止"卫星,欧洲的"交响乐"等也是国际通信卫星。

为了解决地区分散的区域性通信(如岛屿),许多国家租用了国际卫星部分转发器作为国内通信线路。1972 年加拿大发射了世界上第一颗专用的国内通信卫星 ANIK,通信容量为 5000 路电话。后来,美国西联公司发射了一颗美国的国内卫星 WESTAR;RCA 公司发射了 SATCOM 卫星;AT&T 等公司发射了 COMSTAR 卫星都是国内通信卫星。

美国休斯飞机公司制造的印尼 PALAPA 卫星和美国福特宇航公司制造的阿拉伯 ARABSTA 卫星都是区域性通信卫星。

加拿大第一颗国内专用通信卫星

　　固定卫星业务不断发展，提出了移动卫星业务。移动通信卫星业务是指装载在飞机、舰船、汽车上的移动通信终端所用的同步卫星通信。应用最早的是海上移动卫星业务，1976 年第一颗"海事卫星 1 号"（MARISAT－1）发射到大西洋上空。随后于 1979 年成立"国际海事卫星组织"（INMARSAT）。

"海事卫星 1 号"发射

固定卫星业务也包括广播卫星业务。如加拿大的"通信技术卫星",美国的"应用技术卫星",苏联的"静止"卫星,日本的"日本广播卫星"等。广播卫星业务是为了使用户能直接接收来自卫星转发等广播电视节目。包括由简易家庭用接收设备直接接收等"个体接收"和先由大型天线接收后再分送给一般用户等"集体接收"两种方式。

美国的"应用技术卫星"

其他卫星业务还有无线电导航卫星(如美国海军导航卫星 NNSS)、地球探测卫星(如美国陆地卫星 LANDSAT)、气象卫星(如美国 NOAA 卫星)、业余无线电卫星(如 OSCAR),以及报时、标准频率、射电天文、宇宙开发、研究卫星等业务。

1970 年 4 月,我国成功发射了第一颗卫星,到现在已经先后发射了数十颗各种用途的卫星。1984 年 4 月,发射了第一颗试验用"同步通信卫星"STW-1。1986 年 2 月于我国西昌发射场,用长征 3 号火箭成功发射第二颗"实验通信卫星"STW-2。该卫星位于东经 103°赤道上空(马六甲海峡南端),等经线贯穿我国昆明、成都、兰州等地。卫星高度 35786 公里。该同步卫星形状呈圆柱形,直径 2.1 米,总高度 3.67 米,轨道重量 429 公斤,太阳能电池功率为 135 瓦。卫星点波束天线直径 1.22 米,采用双自旋稳定方式。卫星有两个转发器,工作频率为 6/4GHz。用于转播广播电视和传送电话,设计容量为 1000 路电话。其寿命为三年。

1988 年 3 月,在西昌发射场,用"长征 3 号"火箭发射成功第一颗"实用通信卫星",即"东二甲"卫星,该星定点于东经 87.5°赤道上空。1988 年 12 月又发射了"东二甲-2"卫星,定点于 110.5°E。"东三甲"卫星是"东二甲"卫星的改进型卫星。其天线改成椭圆波束,设计寿命延长为四年,加大了太阳能电池功率。转发器增加为 4 个,说明我国的卫星通信技术已经迈入国际领先领域。

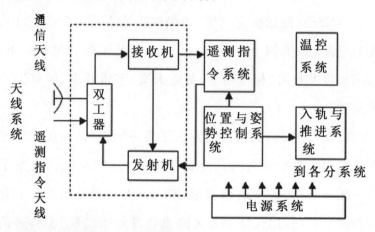

由上图可知,卫星的主要设备包括下列七大系统。

1.位置与姿态控制系统

从理论上讲,静止卫星的位置与地球来说是相对静止不动的,但是实际上它并不是经常能够保持这种相对静止的状态。这是因为地球并不是一个真正的圆球,使卫星对地球的相对速度受到影响。同时当太阳、月亮的辐射压力发生强烈变化时,由于他们所产生的对卫星的干扰,也经常

长征 3 号火箭

会破坏卫星对地球的相对位置。这些都会使卫星漂移出轨道,使通信无法进行。负责保持和控制自己在轨道上的位置就是轨道控制系统的任务之一。仅仅使卫星保持在轨道上的指定位置还远远不够,还必须使它在这个位置上有一个正确的姿态。因为星上定向天线的波束必须永远指向地球中心或覆盖区的中心。由于定向波束只有十几度或更窄,波束指向受卫星姿态变化的影响相当大,再加上卫星距离地球表面有 36000km,姿态差之毫厘,将导致天线的指向谬之千里。再者,太阳电池的表面必须经常朝向太阳,所有这些都要求对卫星姿态进行控制。

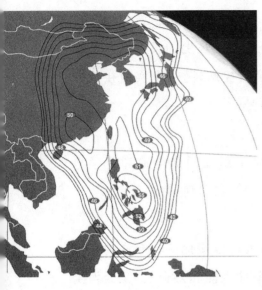

波束

2.天线系统

通信卫星的天线系统由通信天线和遥测指令天线组成。要求两种天线体积小、重量轻、可靠性高、寿命长、增益高、波束永远指向地球,分别采用消旋天线和全向天线。

3.转发器系统

空间转发器系统作为通信卫星的主体,实际上是一部高灵敏度的宽带收发信机。其智能就是以最小的附加噪声和失真以及尽可能高的放大量来转发无线信号。

4.遥测指令系统

遥测指令系统的主要任务是把卫星上的设备工作情况原原本本地告诉地面上的卫星测控站,同时忠实地接收并执行地面测控站发来的指令信号。

5.电源系统

现代通信卫星的电源同时采用太阳能电池和化学电池。要求电源系统体积小、重量轻、效率高、寿命长。

6.温控系统

温控系统能使卫星内部和表面温度保持在允许的范围内,否则将影响星上的电子设备的性能和寿命,甚至会发生故障。另外,在卫星壳体或天线上温差过大的时候,往往产生变形,对天线的指向以及传感器精度以及喷嘴的方向性等都会带来不良影响。

7.入轨和推进系统

静止卫星的轨道控制系统主要是由轴向和横向两个喷射推进系统构成。轴向喷嘴是用来控制卫星在纬度方向的漂移,横向喷嘴是用来控制卫星因环绕速度发生变化造成卫星的在经度方向的漂移。喷嘴是由小的气体(一种气体燃料)火箭组成,它的点火时刻和燃气的持续时间由地面测控站发给卫星的控制信号加以控制。推进系统的另一职能是采用自旋稳定、重力梯度稳定和磁力稳定等方法对卫星进行姿态控制。这种卫星被送上天时,在与火箭分离之前由火箭中的一个旋转装置使它以每分钟 10～100 转的速度旋转。旋转的卫星好像陀螺一样,旋转轴始终指向一个方向,就不会随意翻滚了。但是装在卫星轴上的天线,却不能随着星体转,所以要装上一个消旋装置,使天线稳稳地瞄准地球。

通信卫星的工作过程

利用通信卫星和广播卫星传输广播电视节目使卫星应用技术有了重大发展。那么,通信卫星是怎样工作的呢?

卫星通信系统是由空间部分和通信地面站两大部分构成的。空间部分是指通信卫星和地面部分。在这一系统中,通信卫星实际上就是一个悬挂在空中的通信中

通信卫星

继站。它居高临下,视野开阔,只要在它的覆盖照射区以内,不论距离远近都可以通信,通过它转发和反射电报、电视、广播和数据等无线信号。

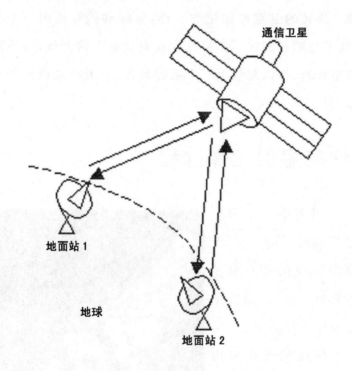

通信卫星工作的基本原理

下面是通信卫星工作的基本原理:从地面站 1 发出无线电信号,这个微弱的信号被卫星通信天线接收后,首先在通信转发器中进行放大、变频和功率放大,最后再由卫星的通信天线把放大后的无线电波重新发向地面站 2,从而实现两个地面站或多个地面站的远距离通信。

电视节目的转播与电话传输基本相同。但是由于各国的电视制式标准不一样,在接收设备中还要有相应的制式转换设备,将电视信号转换为本国标准。电报、传真、广播、数据传输等业务也与电话传输过程相似,不同的是需要在地面站中采用相应的终端设备。

航天技术日益发展,通信卫星的种类也逐步增多。按服务区域划分,有全球、区域和国内通信卫星。按用途分,有一般通信卫星、广播卫星、海事卫星、跟踪和数据中继卫星以及各种军用卫星。

移动通信系统的分类

卫星移动通信系统的分类有四种分法,一是按其应用来分;二是按轨道来分;三是按频率来分;四是按服务区域来分。

(一)按应用分类

分为海事卫星移动系统(MMSS)、航空卫星移动系统(AMSS)和陆地卫星移动系统(LMSS)。海事卫星移动系统主要用于改善海上救援工作,提高船舶使用的效率和管理水平,增强海上通信业务和无线定位能力。航空卫星移动系统主要用于飞机和地面之间为机组人员和乘客提高话音和数据通信。陆地卫星移动系统主要用于为行驶的车辆提供通信。

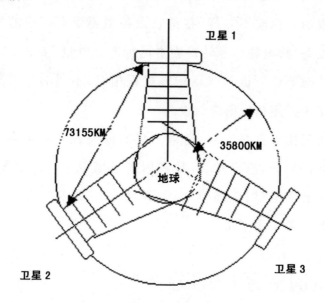

按轨道分类的卫星

（二）按轨道分类

通信卫星的运行轨道有两种。一种是低或中高轨道。在这种轨道上运行的卫星相对于地面是运动的。它能够用于通信的时间短,卫星天线覆盖的区域也小,并且地面天线还必须随时跟踪卫星。另一种轨道是高达三万六千公里的同步定点轨道,即在赤道平面内的圆形轨道,卫星的运行周期与地球自转一圈的时间相同,在地面上看这种卫星好像静止不动,称为同步定点卫星。它的特点是覆盖照射面大,三颗卫星几乎就可以覆盖地球的全部面积,可以进行二十四小时的全天候通信。

（三）按频率分类

按照该卫星所使用的频率范围将卫星划分为 L 波段卫星，Ka 波段卫星等等。

（四）按服务区域分类

航天技术日新月异的发展，通信卫星的种类也越来越多。按服务区域划分，有全球、区域和国内通信卫星。即全球通信卫星是指服务区域遍布全球的通信卫星，这常常需要很多卫星组网形成；区域卫星仅仅为某一个区域的通信服务；国内卫星范围则更窄，仅限于国内使用。其实各种分类方式都是想将卫星的某一特性更强地体现出来，以便人们更好的区分各种卫星。

卫星通信话短长

卫星通信同现在常用的电缆通信、微波通信等相比，有很多优点，可概括为以下几点：

1.卫星通信的距离远。同步通信卫星可以"看"到地球最大跨度达 18000 余公里。在这个覆盖区内的任意两点都可以通过卫星进行通信，而微波通信一般是 50 公里左右设一个中继站，一颗同步通信卫星的覆盖距离相当于 300 多个微波中继站。

2.通信路数多、容量大。一颗现代通信卫星，可携带几个到几十个转发器,可提供几路电视和成千上万路电话。

卫星通信

3. 通信质量好、可靠性高。卫星通信的传输环节少,不受地理条件和气象的影响,可获得高质量的通信信号。

4. 运用灵活、适应性强。它不仅可以实现陆地上任意两点间的通信,而且能实现船与船、船与岸上、空中与陆地之间的通信,它可以结成一个多方向、多点的立体通信网。

5. 成本低。在同样的容量、同样的距离下,卫星通信和其他的通信设备相比较,所耗的资金少,卫星通信系统的造价并不随通信距离的增加而提高,随着设计和工艺的成熟,成本还在降低。

20世纪60年代初,中国就开始研制微波接力通信系统和人造地球卫星,这标志着中国人民已有能力依靠自己的力量,涉足于卫星通信领域,为通信网增加新的通信手段。到20世纪70年代中期,中国已有大型地球站为国内、国际通信服务。近30多年来,中国卫星通信,在研究、开发、制造和发射、运营等多领域,由于国家重视和国内科技人员、管理人员等各方面的共同努力,得到了长足的发展,为下一步发展奠定了坚实基础。

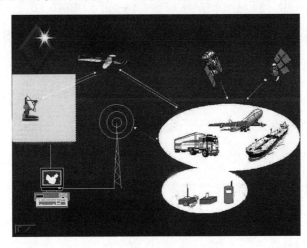

卫星通信系统

卫星通信系统复杂，涉及多领域科学，综合工艺和技术，需要多部门的相互协助，资金和人力方面加大投入，才能促进其更快发展，适应社会各部门多方面需求，现仅就今后发展前景和努力方面，作些初步探讨。

（一）充分利用好宝贵资源

频谱资源与轨道资源，是发展卫星通信的首要条件，必须搞好发展规划，以满足国家各方面的需求。要有专门的科技队伍进行长期不断的研究、分析和多方面协调工作。在国际上多做工作，争取获得尽可能多的频谱与轨道资源，并把这些宝贵资源充分利用好。

（二）卫星通信系统研究、开发方面

（1）由于卫星通信系统涉及的部门较多以及学科方面的协作，因此要有跨部门的专家联合参加，总体规划与设计，以充分发挥整个国家的人才和技术优势，作出有自己特色的系统，达到国际上先进水平，并能满足国家各方面需求。

（2）当前的重点是通信卫星本身的开发工作，在保证质量前提下，首先注意两个问题：

①研制出大容量通信卫星的平台和小卫星平台。有了这两种平台，以便加速发展高、中、低各种轨道，各种用途的卫星通信系统。这样，在研制卫星过程中就可避

免很多重复工作,节省了人力和物力。

②在研制各类卫星本身时,应采用模块式的生产线方法,这样可缩短研制、开发时间。若在时间上取得优势,就可在竞争中取得主动权。

(3)对于卫星通信系统的地球站设备,要考虑到高可靠性,并用创新精神,力求使系统达到最佳化,在关口站设备方面,则要强调灵活性,要能适应多方面需求,具有与地面多种通信系统互联互通的能力,至于卫星通信系统的用户终端,要达到人机界面友好,小巧可靠、操作方便等。

(三)建立必要的监测台、站

卫星监测

建立必要的监测台、站(固定、移动)，除对已投入运营的通信卫星运行情况等及时了解、分析、加强管理外，更重要的还要监测国外的卫星在国内空间场强覆盖情况，及时克服和减少电磁波的干扰，以保护我国的电磁环境和合法权益。这样为我国卫星通信创造良好的环境，以利于更快地发展。

(四)通信卫星运营方面

在通信卫星运营方面，要充分利用卫星通信的覆盖广、传输质量好，能以各种组网方式适应不同用户、不同领域、不同地理空间应用的特点，搞好卫星通信网的建设，发挥其应有作用。